LES ADIEUX

DU

DUC DE BOURGOGNE

ET DE L'ABBÉ

DE FÉNELON.

Dieudonné Thiébault

(dép. ... Doubs)

584.

LES ADIEUX

DU

DUC DE BOURGOGNE,

ET DE L'ABBÉ

DE FÉNÉLON,

SON PRÉCEPTEUR;

OU

DIALOGUE

fur les différentes fortes de gouvernemens.

PRIX 3 liv. 12 f. broché.

A STOCKHOLM.

Et fe trouve à Paris,

CHEZ PRAULT, IMPRIMEUR DU ROI,
Quai des Augustins, à l'Immortalité.

1788.

NOUVELLE PRÉFACE.

CET ouvrage eſt le fruit de pluſieurs converſations particulières & ſecrettes entre
une perſonne du plus haut rang & l'auteur.
Ce ne fut qu'après avoir diſcuté la matière,
autant toutefois qu'on peut le faire dans
des converſations, que l'auteur ayant ſuffi-
ſamment indiqué quels étoient ſes principes ſur un ſujet auſſi vaſte & auſſi important, reçut, vers 1772, l'ordre de les ré-
diger par écrit.

« Je ne vous demande pas, lui dit-on,
» un ouvrage volumineux : les gens du
» monde n'en liſent guere de cette ſorte.
» Mais je voudrois que, dans une ſimple
» brochure, vous puſſiez établir ſommai-
» rement & avec clarté les grandes véri-
» tés fondamentales que nous avons par-

A

» courues. Je voudrois de plus que votre
» ouvrage , folide quant au fonds , fût
» agréable par la forme. Songez qu'il im-
» porte plus encore de perfuader les gens
» du monde que de les convaincre ; &
» que quand on a une bonne caufe , on
» eft sûr de les perfuader & de les con-
» vaincre , fi on parvient à leur plaire. »

Dans la circonftance dont il s'agit , des
defirs étoient des ordres ; & il falloit au
moins que je montraffe du zele. Chaque
fois qu'on me voyoit , on me demandoit
des nouvelles de mon travail : on paroiffoit
très-preffé. Enfin je livrai l'ouvrage au bout
de quelques femaines , c'eft-à-dire , deux
ou trois mois avant une grande révolution ,
auffi peu attendue de toute l'Europe , que
juftement admirée & applaudie des amis
de l'ordre public. Ce fut alors feulement
que je compris pourquoi on m'avoit fait

un devoir de prendre si bien mes mesures,
que personne ne pût savoir où, ni par qui,
ni à la sollicitation de qui ce petit ouvrage
avoit été fait.

Ces diverses conditions, qui me furent
tant recommandées, expliqueront pourquoi
je cherchai à m'étayer du nom de Fénélon
& du souvenir d'un prince qui avoit donné
de si grandes espérances au monde, & qui
y a laissé de si grands regrets : elles expliqueront pourquoi, dans l'Avertissement &
la Préface de l'Éditeur, on cherche tant à
faire adopter une pure supposition, comme une anecdote véritable.

Aujourd'hui j'annonce dans cet ouvrage
une quatrième partie, dont il ne fut point
question à l'époque que nous venons d'indiquer ; & cette nouvelle partie formera un
second volume, si par la suite on se déter-
mine à l'imprimer. Nous ne parlons pas

de quelques autres changemens moins considérables, mais qui ont paru plus ou moins
néceffaires, & qui ne peuvent que foiblement intéreffer le lecteur. Il fuffira de dire
que j'ai retranché plufieurs notes & quelques paffages qui n'étoient pas de moi,
& que je ne peux que défavouer, à toutes fortes d'égards. On concevra aifément
combien il a été facile d'altérer un ouvrage
qu'on imprimoit loin de l'Auteur, un ouvrage dont l'Auteur étoit abfolument in-
connu, & où d'ailleurs des motifs puiffans
engageoient à préfenter des vues particulieres auxquelles l'Auteur n'avoit pas fongé.

Je ne chercherai point à juftifier le fyftême que cet ouvrage renferme; je fuis loin
de croire que j'aie pu me garantir de toute
erreur, dans une matière auffi étendue &
auffi difficile; mais, en bon citoyen, j'ai
cherché de bonne foi la vérité: c'eft de

bonne foi que je propose le résultat de mes réflexions; & comme je soutiendrois sans amour-propre mes principes contre les sophismes que l'on voudroit m'opposer, je saurai également, si l'on me fait des objections solides, en reconnoître, en avouer sans peine la solidité. Il me suffira de penser que mon livre, malgré toutes ses imperfections, ne peut que faire du bien; que tous ceux de mes compatriotes qui l'auront lu avec attention, n'en seront que meilleurs sujets du Roi, & citoyens plus attachés à la forme de gouvernement sous laquelle ils sont nés.

Une observation très essentielle à faire, c'est qu'il faut bien se garder de juger rigoureusement la pratique de ceux qui gouvernent, d'après la théorie de ceux qui écrivent. La théorie de ces derniers ne présente que des regles inflexibles & des

principes généraux : nul obstacle ne les arrête ; nul incident ne vient les contrarier ;
nul événement imprévu ne dérange leur
marche : tandis que les chefs de l'état,
presque toujours esclaves de circonstances
impérieuses, sont forcés, même en se pro-
posant le systême le plus parfait, de passer
continuellement d'une exception à l'autre
dans le cours & les détails de leur admi-
nistration.

Il faut donc reconnoître ici deux grandes vérités ; l'une, qu'il y auroit bien de
l'ingratitude & même de l'absurdité à ne
vouloir approuver dans la pratique que ce
qui seroit conforme à la théorie ; & l'autre
que l'on ne seroit guere moins blâmable de
vouloir rejetter toute théorie, sous prétexte
que jamais on ne peut y astreindre tous les
détails de la pratique. Un bon médecin
étudie tous les systêmes des physiciens ; &

quoiqu'enfuite il ne les fuive pas à la ri-
gueur, il n'en eft que meilleur praticien,
puifqu'il eft vrai qu'il rifque moins de faire
de grandes fautes.

D'après cette obfervation , le lecteur
verra facilement dans quel efprit , dans
quelle difpofition j'ai compofé ce dialogue.
Je n'ai fongé qu'à établir une théorie bien
fimple & bien générale, fans m'arrêter à
ce qui a, ou peut avoir lieu chez un peuple
ou chez un aurre. Si pour répandre plus
d'intérêt fur l'ouvrage, j'ai le plus fouvent
tranfporté la fcène en France, c'eft que
c'eft ma patrie, & que lors même que j'en
étois éloigné, mon cœur avoit befoin que
je ne me la repréfentaffe jamais , fans
voir en imagination le bonheur repo-
fer fur elle & fur tous ceux qui la compofent. Mais j'étois loin, en fuivant le fil
de mes fpéculations générales & abftraites,

de réprouver aucune des loix qui y font établies : en compofant mon roman, j'étois loin de blâmer l'hiftoire.

On nous dit tous les jours que tous les gouvernemens font bons ou mauvais, felon les perfonnes qui y font employées. Cette maxime eft vraie à plufieurs égards, fans doute. Cependant elle ne prouvera jamais tout ce que l'on veut en conclure. Ce que je ferois beaucoup plus tenté de croire, . c'eft qu'il vaut mieux garder le gouvernement que l'on a, quel qu'il foit, que d'en changer trop fubitement. Les fecouffes font toujours plus de mal que de bien ; les révolutions ont prefque toujours l'inconvénient de rendre malheureufe la génération préfente, fans préparer un fort plus heureux aux générations futures. Il ne faut oublier que les loix nouvelles font affectées, par là même qu'elles

font nouvelles. Les efprits font tout autrement difpofés en faveur des loix anciennes,
que nous ne nous rappellons jamais que
comme les véritables colonnes de l'état;
l'objet de la vénération de tous nos ancêtres, l'objet de leur zele, & je dirois prefque de leur culte. Il eft naturel que nous
regardions en partie les vertus & les exploits de nos peres, comme les fruits de
ces arbres antiques; & dès lors, que de
motifs n'avons-nous pas de les conferver !
Si à côté de ce tableau, je plaçois celui des
peuples qui n'ont que des loix neuves, &
pour ainfi dire, encore fraîches, je n'aurois
pas de peine à faire voir qu'elles font fans
force, & que ces peuples ne les refpec-
tent qu'autant qu'ils y font contraints :
en un mot, qu'ils font malheureux, puifqu'ils gémiffent fous un joug de fer,
ou qu'ils paffent fouvent & aux moin-

dres occafions d'une révolution à l'autre.

Mais un citoyen eftimable peut fans doute, en confervant la maifon de fes pères, qu'il regarde comme un monument de leur fageffe, & y en refpectant tous les veftiges de leurs travaux, s'amufer néanmoins à tracer des plans de réparation, qu'il offre à fes voifins & à fes enfans, comme des modeles bons à confulter en général, & propres à développer leurs idées.

J'ai cru pouvoir imiter cet homme ; je n'ai voulu bâtir ni pour moi ni pour perfonne : je fais que c'eft un métier où l'on rifque trop de fe ruiner ; mais j'ai crayonné le plan que mes réflexions m'ont fait regarder comme bon dans la fpéculation. Si l'on prétend qu'il a encore de grands défauts, & même de plus grands que toutes les maifons que nous habitons, je dirai

aux critiques. Prouvez que je me suis trompé, & faites mieux ; je ferai le premier à
rejetter mon plan & à applaudir aux vô-
tres. Mais j'aurai encore la satisfaction de
vous avoir engagés à faire mieux que moi.

PRÉFACE
DU PRÉCÉDENT ÉDITEUR.

Un amateur qui, dans sa jeuneſſe, avoit vu la fin du ſiècle & du règne de Louis XIV, vient de laiſſer, en mourant, une collection précieuſe de manuſcrits rares qu'il avoit hérités ou recueillis durant le cours de ſa vie. Le morceau que nous donnons au public eſt ſans doute un des plus intéreſſans que nous offre cette collection. Le nom de Fénélon ſuffit pour en convaincre & pour exciter la curioſité de tous les lecteurs. Le précepteur du duc de Bourgogne, lui qui, dans ces temps modernes, a eu le premier la gloire & le talent de former un prince philoſophe, avoit trop de génie pour ſe contenter de recueillir les idées d'autrui, fans fe donner la peine d'en avoir qui fuffent bien les fiennes; & il avoit trop fouvent médité fur les devoirs de fon éleve, pour ne s'être pas affuré de la vérité des principes qu'il tâchoit de lui inculquer. L'archevêque de Cambrai, l'auteur du Télémaque, avoit trop de vertu; il avoit l'ame trop honnête & trop belle, pour confulter la fauffe politique d'un courtifan, plutôt que le zele noble & pur d'un citoyen, en donnant les dernieres leçons, les leçons d'*Adieux*, fi on peut s'exprimer de la forte, à l'héritier préfomptif d'un grand Royaume. On ne doit pas douter que le cœur fenfible de M. de Fénélon ne fe foit épanché tout entier dans une occafion auffi importante; que ce grand homme n'ait recueilli toutes fes forces & déployé toute fon énergie, en confidérant que c'étoit pour la derniere fois qu'il parloit d'office & avec autorité à un prince dont les mœurs, la conduite & les actions pouvoient, & même devoient naturellement un jour faire le bonheur ou le malheur d'une nation entière & de toute une génération.

On nous demandera, fans doute, fur quel fondement nous attribuons ce manuscrit à M. de Fénélon, & fi nous fommes bien affurés de fon authenticité? Nous n'avons à nous appuyer ici, pour justifier notre croyance, que fur deux preuves; l'une de fentiment, & que chaque lecteur eft en droit de difcuter; c'eft la convenance entre les autres ouvrages de M. de Fénélon & celui-ci, tant pour le fond que pour le ftyle. Cette preuve acquiert un nouveau degré de force, quand on confidere qu'il eft très-vraifemblable que le duc de

Bourgogne & fon précepteur ont dû difcuter cette matière ; que le premier a dû
éprouver les fcrupules que l'on voit ici, &
que le fecond a dû naturellement chercher
à faire un bon roi de fon éleve, plutôt que
de l'encourager à courir après des avantages problématiques & hafardeux, & fur-
tout à prendre pour cela la route peu sûre
& néceffairement funefte d'une grande révolution. Notre feconde preuve eft le témoignage même de celui qui s'étoit enfuite procuré ce manufcrit, & dans le cabi-
net duquel on l'a trouvé, témoignage que
le lecteur trouvera à la fin de cette préface:
ce n'eft qu'une preuve d'autorité ; & quoiqu'elle ne foit rien moins que foible à nos
yeux , puifque nous avouons qu'elle ne
nous laiffe aucun doute, cependant comme
des raifons particulières ne nous permet-
tent pas de nommer notre garant , & que

le public n'eft point obligé de nous en
croire fur notre parole, nous permettons
aux critiques de réunir contre nous toutes
leurs forces; nous leur déclarons d'avance
que nous ne leur répondrons point, fondés
fur cette raifon péremptoire, que fi l'ouvrage eft utile & folide, peu importe le
nom de l'auteur.

Ce que nous avons trouvé de plus fingulier dans ce dialogue, c'eft que M. de
Fénélon y a prédit bien des événemens
qui, depuis lui, jufqu'à nous, ont encore acquis plus de probabilité qu'ils n'en
avoient de fon temps. On fera fur-tout
étonné qu'il ait prévu de fi loin l'efprit
frondeur, mais très-peu philofophique, qui
règne aujourd'hui, fur-tout en France,
c'eft-à-dire, chez la nation dont le caractère eft le moins analogue à cette trifte

Nous

Nous allons finir par joindre ici le petit avertissement que le propriétaire du manuscrit avoit mis lui-même à la tête de son cahier, & que nous avons promis au lecteur.

AVERTISSEMENT.

« *C E T ouvrage eſt de feu M. de Fénélon,*
» *archevêque de Cambrai & précepteur de*
» *Louis de France, petit-fils de Louis XIV.*
» *duc de Bourgogne, & enſuite dauphin. On*
» *ne doit pas êcre ſurpris que cet ouvrage*
» *n'ảit pas été rendu public dans le temps*
» *où il fut compoſẽ. M. de Fénélon ne pou-*
» *voit pas publier les ſentimens nobles &*
» *vraiment grands que ſon éleve avoit mon-*
» *trés en pluſieurs rencontres, & particulié-*
» *rement dans leur adieu. Le prince, qui*
» *joignoit la modeſtie à tant d'autres ver-*
» *tus, avoit lui-même impoſẽ ſilence à ſon*
» *précepteur à ce ſujet : mais celui-ci, en-*
» *traîné par une admiration méritée, ne*
» *pouvoit guere s'empécher de mettre par*
» *écrit la converſation qu'ils avoient eue la*

» veille de leur séparation : c'est aussi à quoi
» il employa les premiers jours qu'il eut de
» libres, ne voulant pas remettre à un plus
» long terme un ouvrage aussi agréable, &
» dans lequel il cherchoit bien moins à pa-
» roître auteur qu'historien d'un dialogue
» où il avoit eu néanmoins tant de part. Il
» ne se permit aucun changement, aucune
» addition, ni dans ce que le duc lui avoit
» objecté, ni dans ce qu'il avoit répondu au
» duc : au moins est-on forcé de le penser
» ainsi, en voyant dans le dialogue même,
» que le duc avoit paru desirer, & par con-
» séquent avoit eu ou dû avoir ensuite une
» copie de l'ouvrage.

  » Je savois depuis assez longtemps toute
» cette anecdote de la bouche d'un ecclésias-
» tique que l'archevêque, dans le temps de sa
» retraite, avoit honoré de toute sa confiance;
» & qui, ayant été plus d'une fois employé

» à ranger la bibliotheque & les papiers
» de ce prélat, avoit obtenu après la mort
» du prince, la permiſſion de prendre copie
» de ce manuſcrit. C'eſt de cet eccléſiaſtique
» que j'ai obtenu à mon tour que l'ouvrage
» me fût confié, à condition de n'en point
» diſpoſer tant qu'il vivroit. J'ai tenu
» parole.

    » Du reſte le titre eſt de moi, ainſi que
» les notes. Celles-ci ne s'y trouvent que
» parce que j'ai toujours eu envie de faire
» don au public de cet ouvrage ; & que
» l'ayant lu très ſouvent, il étoit naturel
» que les principaux événemens de ce ſiécle
» me donnaſſent quelquefois envie de join-
» dre quelques obſervations particulières
» aux principes de l'auteur. »

LES ADIEUX

DU

DUC DE BOURGOGNE,[*]

ET DE L'ABBÉ

DE FÉNÉLON;

OU

DIALOGUE

fur les différentes fortes de gouvernemens.

LE DUC. MALGRÉ la joie que donnent d'ordinaire l'idée d'un changement d'état, & l'efpérance de jouir d'une liberté qu'on

---

[*] « Ce prince, dit Voltaire, d'un efprit ferme & intré-
» pide, étoit pieux, jufte & philofophe. Il étoit fait pour
» commander à des fages. Éleve de l'archevêque de Cam-

B 3

n'a pas encore eue, je reſſens une véritable triſteſſe au fond de mon cœur, toutes les fois que je ſonge que je n'aurai plus déſormais le plaiſir de vous voir auſſi ſouvent qu'auparavant. Je ſais bien que je puis compter ſur votre attachement pour moi, & qu'à ce titre, je pourrai vous faire appeller quand j'en aurai le loiſir : mais je tremble qu'il n'y ait alors un peu plus de gêne & de cérémonie de votre part. D'ailleurs ſerez-vous toujours à portée de venir remplir toutes les heures que j'aurai de vides ? C'eſt donc véritablement pour moi un jour de ſéparation, que le jour de demain ; & voilà pourquoi je vous ai prié de revenir ce ſoir, afin que nous puſſions être plus tranquilles & plus longtemps enſemble : car j'ai encore bien des choſes à vous dire, bien des queſtions à vous faire, & bien des éclairciſſemens à vous de-

---

» brai, il aimoit ſes devoirs ; il aimoit les hommes, il » vouloit les rendre heureux ». *Siécle de Louis XIV*, *Tom. I*, 2e. *Part. pag.* 200. *Édit. de Leypſic.* 1754.

mander sur les objets les plus important.

FÉNELON. Les marques de bonté que votre altesse royale me donne en ce moment, sont trop flatteuses pour que, durant tout le cours de ma vie, je ne me fasse pas une loi sacrée d'être à vos ordres, autant qu'il me sera possible : heureux si je puis voir de près la noblesse, la fermeté, la constance avec laquelle je suis assuré que vous remplirez tous vos devoirs ! Quelle consolation pour moi, s'il m'est permis de le dire comme je le sens, de vous voir porter le flambeau de la vérité dans le regne des illusions & du mensonge ; démêler le sentier de la vertu parmi les chemins si frayés du vice ; toujours pur au centre de la corruption , toujours bon malgré les conseils des courtisans, & toujours juste malgré leurs intrigues ! Vous vous êtes nourri des maximes de sagesse que nous offre la religion, des grands principes de morale qui doivent diriger la conduite des princes, & des regles que la prudence peut fournir aux hommes publics. La nature vous a donné, avec un cœur fenfible, une ame élevée, un efprit droit & refléchi: vous avez cultivé ces heureufes difpofitions : que ne devons-nous pas en attendre? & fi les bons princes font des dons du ciel, que d'actions de graces tous les François n'auront-ils pas à lui rendre un jour, pour vous avoir fait naître, & vous avoir deftiné à monter fur le trône ?

LE DUC. C'eft à ce dernier mot que je vous arrête ; & mon deffein étoit de vous y amener, fi vous n'y étiez venu de vous-même. J'allois vous demander fi vous êtes bien affuré qu'après que je ferai monté fur le trône, je doive maintenir la royauté ? Ne nous arrêtons point aux complimens que vous me faites. Je fens qu'ils ne proviennent que de l'attachement que vous avez pour moi ; mais vous m'avez infpiré le defir de les mériter plutôt que celui de les entendre.

Oui , fi jamais je tiens le fceptre, je ferai tous mes efforts pour gouverner felon les loix de la juftice & de l'humanité. Je maintiendrai certainement la dignité & la gloire de la nation, autant du moins qu'il dépendra de moi ; & je ne négligerai rien de ce qui pourra rétablir ou augmenter l'aifance dans toutes les provinces. Je fais combien ces devoirs font facrés , & combien il eft glorieux de les remplir : mais eft-ce là que doit fe borner l'ambition d'un grandhomme ? N'eft-il pas encore un degré de perfection beaucoup plus élevé , & auquel doit tendre tout fouverain qui chérit la vertu, & qui fait en diftinguer la voix ? car c'eft de devoirs qu'il faut parler ici , & non d'ambition : le fouverain ne doit-il pas, en un mot, remettre à la nation elle-même le foin de fe gouverner , & en abdiquant l'autorité devenir plus que **roi**, devenir citoyen ?... Je vois d'avance une partie de ce que vous pourriez m'oppofer ; & c'eft pour vous en épargner la peine , & fimplifier d'autant plus l'état de la queftion , que je vous prie d'attendre pour me répondre, que je vous aye développé ma penfée.

Je tomberai volontiers d'accord avec vous qu'un homme qui fe fent le courage de faire le bien & de s'y confacrer tout entier , ne doit pas , (au moins dans les circonftances ordinaires ,) fe deffaifir de l'autorité fouveraine en faveur d'un autre homme qui n'y auroit pas autant de droit que lui : j'avouerai de même que rien n'eft plus funefte au bien d'un état , que les révolutions trop fubites ; & qu'un prince fage ne doit jamais fe hâter de les amener : je fais encore que fouvent il eft de la prudence de fe contenter de ce qui eft bien , & que l'on rifque de donner dans des chimeres , quand on veut atteindre le mieux : je conviens enfin que celui qui n'eft uniquement fouverain que par le choix de la nation , fans que ce choix ait été déterminé par aucun droit particulier de sa part, ne doit point de son autorité privée changer cette forme publique, pour y subftituer la forme républicaine ; & que comme le pouvoir monarchique lui a été remis en forme de prêt, il doit le conferver tout entier, afin de pouvoir à sa mort le laiffer à ses commettants tel qu'il l'a reçu.

Je ne parle donc ici que des rois qui ont un droit perfonnel à la royauté, & qui font fondés à la confidérer comme un patrimoine, ou comme un bien légitimement acquis ; & je demande en ce cas fi une ame forte, courageufe, & guidée par la prudence, ne peut pas trouver le fecret de ménager peu à peu & fans de grands troubles, un changement qui rendroit la nation plus heureufe ? Ne peut-il pas, à force d'adreffe & de foins, parvenir à ouvrir les yeux aux citoyens, & à les bien convaincre qu'ils feroient plus heureux en fe gouvernant eux-mêmes ? Ne peut-il pas changer ainſi un gouvernement moins parfait contre un meilleur, pourvu qu'il le faſſe ſans violence ? & s'il le peut, ne le doit-il pas ? Tout ſe réduit donc ici à examiner s'il eſt une forme de gouvernement plus heureuſe que la forme monarchique. Si cela étoit, je mourrois jeune, ou je ne mourrois pas roi, ſoyez-en aſſuré ; & à vous dire le vrai, je crains bien que la monarchie ne ſoit pas auſſi avantageuſe à l'état qu'elle eſt propre à flatter la vanité du monarque.

FÉNELON. Votre alteſſe royale a cherché à ſimplifier la queſtion : elle voudra bien me permettre de la reſſerrer encore davantage. Pour diſcuter d'une manière auſſi lumineuſe que ſolide & préciſe, la matière importante ſur laquelle vous deſirez que nous nous entretenions aujourd'hui, j'aurai à établir des principes généraux contre leſquels on pourroit m'objecter quelques cas particuliers ; &

je dois prévenir ces objections mêmes. C'est une matière immense dans ses divers points de vue & dans ses détails que nous allons discuter, & nous n'avons que peu d'heures à consacrer à l'examen que nous en ferons : il faut donc nous borner aux principes généraux dont je vous parle : ces principes ont d'ailleurs l'avantage de donner une lumière plus vive, pourvu qu'ils soient vrais & bien présentés. Mais avant d'y venir, il faut bien déterminer &, pour ainsi dire, bien isoler la question. Si nous pouvons élaguer tout ce qui seroit capable de nous embarrasser sur la route, notre marche en sera plus sûre & plus rapide.

Je ne m'arrêterai donc pas à examiner de trop près les exceptions que vous venez de faire ; je dirai seulement, & cela pour n'y plus revenir, que je ne vois pas comment un roi auroit plus ou moins de droit qu'un autre roi à dessiller les yeux de ses sujets, & à les rendre plus heureux qu'ils ne le font. Vous l'avez très-bien obfervé, MONSEIGNEUR : la queſtion eſt de favoir s'il eſt une forme de gouvernement préférable au gouvernement monarchique. Mais cette queſtion regarde indiſtinctement tous les rois, ceux qui le font devenus par élection, comme ceux qui le font par droit de naiſſance.

La premiere obfervation qu'il faut faire ici, c'eſt que plus il eſt important de difcuter ce point de politique, plus il eſt eſſentiel de ne point en venir trop facilement aux conféquences. Dans les affaires publiques, & fur-tout dans celles qui touchent au fonds du gouvernement, il n'eſt point de petite faute ; & la moindre de toutes les fauſſes démarches a toujours des fuites qui doivent nous effrayer. Ainſi nous ne pouvons pas ufer de trop de circonfpection, & employer une méthode trop rigoureufement exacte dans la difcuſſion que vous me propofez. Je vous exhorte à ne point perdre de vue cette obfervation préliminaire ; & pour moi, ce n'eſt qu'en m'impoſant la loi de l'avoir ſans ceſſe devant les yeux, que je me difpofe à entrer en matière.

Mais voyons avant tout, comment il convient de diviſer le fujet que nous avons à traiter, & dans quel ordre nous en fuivrons les parties. Il s'agit ici ; 1°. de prouver que le gouvernement monarchique eſt en général préférable à tout autre gouvernement ; 2°. de déterminer les caracteres particuliers qui conviennent au gouvernement monarchique, & le diftinguent de tout autre gouvernement ; 3°. de donner des régles de conduite fages & précifes fur les égards ou ménagemens que le monarque doit aux différentes claſſes des fe fujets ; 4°. de fixer quelques vues de police propres à favorifer l'induftrie, la richeſſe, les mœurs, en un mot, le bonheur particulier des citoyens. Cette dernière partie sera sans doute la plus étendue, à raison des détails immenses qu'elle nous offre : mais elle aura cela d'agréable, qu'elle exigera beaucoup plus de développemens que de preuves & de raisonnemens. Après ce coup-d'œil général, je reviens à notre premier objet.

PREMIERE PARTIE.

Le gouvernement monarchique est en général préférable à tout autre gouvernement.

J'ai souvent été tenté de croire que les diverses sortes de gouvernemens entroient également dans les vues de la providence ; que celle-ci convenoit mieux à un certain peuple, & celle-là à un autre. En confrontant cette idée avec les événemens historiques, j'ai observé que plusieurs républiques grecques avoient été heureuses & même florissantes ; que Rome avoit joui du même avantage comme

me

me république, tant qu'elle s'étoit trouvée reserrée dans de certaines bornes ;
& qu'aujourd'hui la Hollande, la Suisse &
les villes anséatiques * auroient tort, à bien
des égards, d'envier le sort des peuples
qui sont soumis à des rois.

Mais j'ai vu aussi qu'à mesure qu'une
république devient plus puissante , &
qu'elle contient un peuble plus nombreux,
elle est beaucoup plus en butte aux factions, aux discordes intestines, aux troubles & aux guerres civiles ; & que ces
malheurs publics font également cruels
& inévitables , dès que l'agrandissement
de l'état est porté à un certain point.
Carthage devenue trop riche, se seroit
détruite quand même Scipion ne l'auroit

---

* Il ne faut pas perdre de vue l'état où étoit l'Europe à
l'époque où ce dialogue est supposé avoir eu lieu. Aujour-
d'hui on ne diroit certainement pas de la Hollande, des
villes Anséatiques, &c. ce qu'un homme aussi sage que
M. de Fénélon devoit en dire de son temps. Songez à la
désastreuse révolution de la Hollande, infectée des vices &
de la cupidité mercantiles.

C

pas anéantie. Rome ne vit plus naître dans son sein que des Triumvirs, des enfans ingrats & sanguinaires, des ennemis, lorsqu'elle fut devenue trop puissante pour n'être plus qu'une république. Athenes ne se vit en proie à l'avidité & à l'ambition de ses voisins, qu'après qu'elle se fut agrandie & enrichie par ses victoires & ses forces navales. Sparte ne se soutint plus long-tems, que parce qu'elle resta pauvre : mais qui voudroit avoir été Spartiate ? c'est-à-dire, qui voudroit avoir vécu dénué de tout, sans possession, sans plaisir, & même dans l'obligation d'étouffer les sentimens de la nature les plus précieux & les plus saints ? La Suisse est divisée en plusieurs cantons pauvres & assez petits ; leur constitution, selon laquelle tous les cantons sont garants de la conservation de chacun d'eux, ne suffit pour les défendre, que parce qu'elle s'accorde avec leur position physique. Les villes anséatiques sont encore plus resserrées, & elles décroîtront, s'affoibliront & tomberont enfin de façon ou d'autre dans le néant, dès que les nations voifines, beaucoup plus puiffantes, fongeront à étendre leur commerce. C'eft une témérité de vouloir lire dans l'avenir : cependant je ne puis m'empêcher de croire que ce terme fatal aux villes anféatiques n'eft pas éloigné ; à quoi j'ofe ajouter qu'en Hollande, fi d'autres puiffances ne s'y oppofent, le Stadhouder finira par être fouverain, ou par être deftitué ; que plus la Hollande s'enrichira, plus elle hâtera cette époque ; & que fi l'on attribue enfuite cette révolution à la conftitution particulière du gouvernement républicain de la Hollande ; on fe trompera, vu qu'il n'eft aucune forme de république qui puiffe long-tems fe maintenir chez un peuple riche & puiffant.

Voici donc l'exception que je ferois tenté d'admettre. C'eft que le gouvernement républicain eft le plus convenable à tout peuple qui fera tout-à-la fois, 1°.

peu nombreux & refferré dans un efpace
affez étroit ; 2o. peu riche , & par-là contraint de s'en tenir à une grande fim-
plicité de mœurs ; 3°. également éloigné
de fonger à faire des conquêtes , ou de
craindre quelque invafion : car fans ces
deux derniers points , ce peuple républicain finira néceffairement par devenir la
proie de fes propres généraux ou de quelque puiffance voifine. Rome , qui n'étoit
principalement que guerrière , fut fou-
mife par fes propres généraux. Carthage,
qui étoit marchande , fut affujettie par
les Romains.

Il y a quelquefois des circonftances
particulières qui déterminent les événemens d'une manière , en quelque forte,
oppofée à l'analogie générale : par exemple , la Pologne , quoique guerrière , fera
peut-être dans peu conquife par fes
voifins ; vu que la forme de fon gouvernement eft trop vicieufe pour qu'elle
puiffe jamais réunir fes forces : d'un au-

tre côté la Hollande, quoique marchande,
aura fans doute un jour un fouverain abfolu dans fon Stadhouder, qui n'eſt que
le général de la république; & cela parce
que ce généralat eſt héréditaire, & que
les poffeffions de cette république la
mettent dans l'impoffibilité d'éviter toutes les guerres, & par conféquent de
reſteindre l'autorité de fon général. La
Suiſſe renfermée dans des montagnes qui
font pour elle comme le bout du monde,
qui la défendent contre les attaques du
dehors, & qui lui ôtent l'envie de conquérir des pays qu'elle ne voit pas; la
Suiſſe qui n'a que l'innocence & la fim-
plicité des mœurs pour toutes richeſſes,
& dont la nature femble avoir elle-même pofé & fixé les limites fur ces montagnes inacceffibles qui l'environnent; la
Suiſſe, dis-je, me paroît devoir être république pendant toute la fuite des fiècles;
à moins que le canton de Berne, trop
puiffant à proportion des autres cantons,

& gouverné par quelques familles feulement, ne tombe enfin entre les mains
d'un feul, & n'abforbe alors tout le refte :
car Berne eft, felon quelques perfonnes
de grand mérite, le véritable ennemi de
la liberté helvétique.

Je vous prie donc Monseigneur, de
ne point m'objecter l'état heureux des
républiques qui feroient dans une pofition
femblable à la Suiffe : qu'il ne s'agiffe
entre nous que des nations riches & puiffantes, ou faites pour le devenir ; c'eft-
à-dire, des nations que la nature femble inviter à s'étendre, vu la facilité & les
moyens multipliés qu'elles ont de faire
des conquêtes ; des nations guerrières,
& dans le caractere national defquelles
le courage, l'humeur martiale aient toujours été des traits les mieux marqués ;
des nations qui ont de quoi exciter la
jaloufie & enflammer l'ambition de leurs
voifins, fans être garanties fur leurs fron-
tières par aucun de ces avantages phyfi-

ques que j'appelle des remparts naturels ;
des nations, en un mot, qui ne font pas
réduites à un feul petit intérêt, mais qui
réuniffent à-peu-près tous les grands intérêts qu'un même peuple peut avoir ; j'entends, qui peuvent fe procurer en grand
tous les avantages que les pâturages, l'a-
griculture & le commerce fourniffent.
Voilà les peuples defquels je ne crains pas
de dire, que la providence les a deftinés à
être gouvernés par des rois, & que c'eft à
leur docilité aux vues de la providence fur
ce point, qu'eft attaché leur état floriffant,
leur profpérité & leur fûreté.

LE DUC. Je vois que, même avant de
former votre attaque, vous cherchez à m'ô-
ter une partie des armes dont j'aurois pu
me fervir pour me défendre, & à m'interdire les iffues par où j'aurois pu m'échapper. Je vous préviens cependant que fans
vouloir recourir à aucune forte de défaite,
je pourrai bien vous ramener plus d'une
fois à des objets de détail qui appartiennent

aux points capitaux que vous venez de toucher : en ce moment, j'attends avec im-
patience les grands principes que vous
m'avez promis, & qui, si je vous ai bien
entendu, doivent trancher le nœud de la
question : ayez donc la bonté de me
prouver que je puis sans scrupule être &
rester roi de France : mon droit est légitime ; il s'agit d'un pays étendu, & d'une
nation puissante, dont l'intérêt général
renferme en grand tous les divers intérêts des petits peuples : la France est ouverte au moins d'un côté ; & d'ailleurs la
mer ne doit plus être regardée comme un
rempart naturel qui puisse donner une grande sécurité, vu nos progrès dans la science
de la marine. Le cas particulier où je suis,
ne rentre donc point dans ceux que vous
& moi avons voulu excepter.

Fenelon. Puisque la question nous
semble assez déterminée à l'un & à l'autre, je vais, Monseigneur, vous exposer
les principes que vous me demandez &

que je vous ai promis ; & j'efpere qu'ils feront affez clairs & affez juftes pour ne vous laiffer aucun doute.

PREMIER PRINCIPE.

Le gouvernement monarchique eft le plus naturel de tous les gouvernemens.

Les hommes ne peuvent point acquérir de connoiffances hors de la fociété. Cette propofition eft fi évidente que ce feroit abufer de votre patience que de chercher à la prouver. La fociété ne peut exifter que fous une forme de gouvernement. Cette feconde propofition eft auffi évidente que la première. J'appelle fociété, la réunion de plufieurs familles en un feul corps ; ce qui fuppofe des intérêts communs, des avantages, des droits & des devoirs réciproques : par conféquent un garant ou des garants, une force coactive, en un mot, une forme de gouvernement, quelle qu'elle foit.

De ces deux confidérations, il fuit que la forme de gouvernement la plus naturelle, c'eft-à-dire, la plus conforme à la nature de l'homme qui entre en fociété, & la plus facile à concevoir & à exécuter, en un mot, la plus fimple de toutes, ne peut être que la monarchie. Dans une monarchie il n'y a qu'un maître à entendre, il n'y a qu'une loi à connoître ; il n'y a qu'un intérêt à ménager : au lieu que dans les républiques, tous les membres de l'état, ou du moins un grand nombre d'entr'eux, font également, de droit & de fait, fouverains, législateurs & premiers intéreffés. Or il faut des moyens très étudiés, très difficiles à imaginer, plus difficiles encore à pratiquer, pour recueillir les volontés de tous, & en faire une feule volonté. Ici, fe trouvent les embarras que produit néceffairement la multiplicité des caufes mouvantes, lefquelles peuvent fi aifément s'entre-choquer & s'entre-nuire : de là, les contradictions, les débats, les factions.

produites par la chaleur même de la dif-
pute, & fouvent par des paffions plus hon-
teufes. Enfuite viennent les intrigues, le
manege, la confufion, la diffimulation,
la corruption des mœurs, les défordres,
les troubles publics. Tout cela eft trop difficile à démêler pour des hommes bornés
dans leurs connoiffances, & incapables de
toute combinaifon un peu compliquée.
Vous ne parviendrez pas à leur faire comprendre le plan général de cette forte de
gouvernement; comment voulez-vous donc
qu'ils y viennent d'eux-mêmes, qu'ils l'i-
maginent? La marche des affaires & de
l'ordre public eft bien plus à leur portée
dans une monarchie.

D'où nous viennent les idées que le befoin urgent & naturel ne fournit pas, &
que nous n'acquérons point par la voie de
l'enfeignement? nous les devons à l'analogie, c'eft-à-dire, que l'idée la plus analogue à celles que nous poffédons déja, eft
la première qui doit nous venir. C'eft même

de cette obſervation que l'on a tiré la méthode & l'ordre que l'on ſuit dans tous les
ouvrages faits pour l'enſeignement. Eh
bien ! quelles ſeroient les idées déja reçues
& acquiſes chez un peuple qui n'auroit encore aucune forme de gouvernement, &
qui voudroit en prendre une? Ce ſeroit
ſans doute les idées que le ſpectacle de la
nature lui auroit fournies. Or toutes ces
idées ramenent à la monarchie; tout dans
la nature en préſente l'image ; tout tient à
l'unité, à la ſubordination ſous un ſeul
chef. Il n'y a qu'un Dieu qui gouverne
tout ! Les opérations de la nature ſont l'effet d'une ſeule cauſe première ! Toutes les
rivières, tous les fleuves, tous les ruiſſeaux
roulent leur tribut dans le ſein d'un ſeul &
même océan ! Voyez une plante, un arbre; il n'y a qu'une tige à laquelle appartiennent toutes les branches ! Notre ſyſtême enfin n'a qu'un ſoleil pour nous éclairer,
nous échauffer, nous vivifier, & donner la
fécondité à notre globe. On pourroit pouſ-

fer cette énumération fort loin ; mais il me fuffit de l'indiquer, comme une preuve que le gouvernement monarchique eft le plus conforme à la nature, celui que la nature elle-même femble le plus recommander aux hommes, celui qu'elle leur indique le mieux, & auquel elle femble les appeller.

J'oferai dire quelque chofe de plus fort encore, c'eft que :

I I. P R I N C I P E.

Le gouvernement monarchique eft néceffairement le premier de tous.

Ce fecond principe ne peut vous étonner, fi vous avez été perfuadé de la vérité du premier. En tout cas, j'ai pour le prouver le témoignage de l'hiftoire réuni à celui de la raifon.

1°. *Le témoignage de l'hiftoire.* Adam roi de fa race naiffante, les patriarches rois de leur famille, Moïfe & les juges,

rois du peuple Juif fous un autre nom,
puifqu'ils étoient tout-à-la-fois les miniftres de Dieu, le feul roi de ce peuple,
les organes & les interprêtes de fes volontés, les exécuteurs de fes ordres, en
un mot, les feuls rois fenfibles de la race
d'Abraham : voilà ce que nous offre la
Genèfe.

Parmi les ténèbres & les fables qui
couvrent l'origine des nations, qu'y trou-
vons-nous ? Que ces nations ne font que
des colonies, ou bien qu'elles ont commencé par avoir des rois. L'Egypte, la
Perfe, Babylone, Ninive, la Chine, le
Japon, les Indes, toute l'Afie nous préfente des rois à la plus ancienne époque
de l'hiftoire profane du monde. Les premiers peuples Celtiques, Gaulois, Bre-
tons, Germains, les premiers habitans
de l'Ibérie, de la Grece & de l'Italie,
font prefque tous dans le même cas.
Carthage étoit une colonie, & cependant Didon fut reine de Carthage. Rome

doit être confidérée comme colonie , c'eft-à-dire , comme un peuple qui fe déplace pour former un nouvel établiffement ; comme un peuple compofé de perfonnes libres qui fe réuniffent parce qu'elles le veulent bien. Néanmoins Romulus fut roi de Rome : ces deux derniers faits font d'autant plus remarquables , qu'il femble que dans ces réunions libres que l'on appelle *Colonies* , chacun a dû fonger à fe ménager une partie de l'autorité publique , & par conféquent pencher vers le gouvernement républicain ou mixte. . . . Nous ne pourrions peut-être pas de fi-tôt renouer cet entretien , ou nous rifquerions d'en perdre le fil : voilà pourquoi je ne fais que parcourir le champ très-vafte que chaque nouveau point de vue me préfente : mais votre Alteffe Royale pourra facilement fuppléer d'elle-même à tout ce que je n'aurai pas dit ; & je m'en repofe d'autant plus aifément fur elle , qu'elle poffede très-bien l'hiſtoire, & qu'il ne s'agit ici que de chercher la vérité de bonne foi, ſans diſputer uniquement pour le plaiſir de l'emporter.

2°. *Le témoignage de la raiſon.* Si les ſociétés ſe ſont formées peu-à-peu, & comme ſous la main de la nature, le gouvernement monarchique a dû être le premier, puiſque ce gouvernement eſt une ſuite de la ſubordination qui regne dans les familles. Suppoſons des hommes épars : la nature, par la force de l'inſ-tinct, & le beſoin de ſubſiſter & de ſe reproduire, forceroit l'homme & la femme à ſe réunir. Dans le temps de la groſſeſſe & des couches, la femme & l'enfant périroient, ſi le pere ne pour-voyoit à leur ſubſiſtance : il faut donc que durant cette époque ils vivent en famille. La première cauſe d'ailleurs qui les a d'abord raſſemblés ſubſiſte toujours ; & c'eſt une des principales différences que l'on remarque entre l'homme & les animaux :

animaux : ceux-ci n'éprouvent le befoin de fe reproduire qu'en un feul temps de l'année, d'où il arrive qu'ils peuvent être féparés bien plus long-temps qu'ils ne font réunis ; au lieu que, pour l'homme, tout indique que l'auteur de la nature a voulu qu'il vécût en fociété : les befoins des animaux font bien plus bornés que les nôtres, & peuvent plus facilement être fatisfaits dans une folitude rigoureufe ; & leurs petits font en état d'y pourvoir eux-mêmes très-peu de temps après leur naiffance ; au-lieu que nos enfans périffent de toute néceffité, fi nous ne leur donnons pas des foins journaliers & continuels, au moins pendant des dix années de fuite. Il eft donc impoffible que l'efpece humaine fubfifte fans vivre au moins en familles ; & c'eft-là le premier état de l'homme ; il y naît, il y vit, il y meurt. Or, dans une famille, il y a un pere, qui en eft le chef, le maître & le roi. Voilà l'image de la monarchie tracée

D

dans le cerveau de tous les hommes, &
tous les hommes accoutumés à ce gouvernement, même avant toute société
compliquée; fur quoi il faut obferver que
nos goûts, nos penchans font des réful-
tats de l'habitude, quand ils ne font pas
l'effet immédiat du befoin phyfique.
L'habitude nous commande prefque auffi
impérieufement que la nature même : auffi
dit-on que l'habitude eft une feconde
nature ; à quoi l'on peut ajouter qu'à
examiner les chofes de bien près, l'homme
moral n'eft prefque en dernière analyfe
qu'un tiffu d'habitudes.

Les hommes donc ayant néceffairement & originairement l'habitude de
vivre en familles, n'ont pas pu chercher
ailleurs que dans cet état même, la forme
de leur premier gouvernement public,
lorfqu'ils auront voulu fe réunir en fociété.
Les petits-enfans auront été foumis à leur
grand-pere, les branches cadettes au chef
de la branche aînée, jufqu'à ce que la

famille fe fera affez multipliée pour former une nation entière, ou pour fe divifer en plufieurs peuplades, en plufieurs
fociétés. Voilà, à ce que je penfe, la
feule manière vraie de fe repréfenter l'o-
rigine des grandes fociétés, ou des gouvernemens : cette origine eft celle qui fe
rapproche le plus des premiers monumens du monde naiffant, & de plus la
feule que nous puiffions admettre fans
tomber dans une foule de contradictions
& d'abfurdités.

Le Duc. Je n'attaquerai directement
aucun de ces deux principes; vu que non-
feulement vous leur avez donné, à ce
qu'il me femble, toute la vraifemblance
dont ils font fufceptibles, mais principalement parce qu'ils ne prouvent rien en
faveur de la monarchie: on pourroit même s'en fervir pour déprimer cette forte
de gouvernement : car le premier pas de
l'homme doit être le plus incertain de
tous, & même le plus propre à occafion-

ner une chûte : la première idée de l'homme doit être la plus obfcure de fes idées,
& la plus voifine de l'erreur : le premier
ouvrage de l'homme doit être tout naturellement le plus imparfait de fes ouvrages, & par conféquent le moins utile : on
fait ce que font nos effais en tout genre.
Ainfi, de ce que le gouvernement monarchique eft de fait le premier de tous,
& celui auquel la nature nous conduit du
premier pas, je concluerois qu'il eft le
moindre. Ne pourrois-je pas ici recourir
à l'hiftoire, & prouver qu'à mefure que
les nations fe font éclairées, elles ont mis
de nouveaux freins à l'autorité de leurs
premiers maîtres, & fouvent même ont
fini par les chaffer ? Carthage, Rome,
Athènes ont commencé par des rois, &
fe font hâtées de devenir autant de républiques.

FÉNÉLON. Je ne vois pas que Carthage, Rome & Athènes y aient gagné : je vois au contraire que le gouver-

nement républicain les a conduites à leur ruine, ou au despotisme. Les divisions du sénat de Carthage ont fait son malheur pour le moins autant que les armes des Romains : un roi auroit prévenu & empêché ces discordes intestines. L'ambition des généraux de Rome en a fait des despotes : un roi auroit dirigé & borné cette dangereuse passion. Les dissensions que l'on a vu régner à Athènes, & les caprices du peuple Athénien, ont secondé les tyrans qui ont voulu l'assujettir ; un roi auroit étouffé les unes, rendu les autres inutiles, & par la réunion des forces de la république, auroit toujours été plus en état de résister aux attaques du dehors. Cependant comme ces sortes de discussions historiques nous prendroient beaucoup de temps, & fourniroient un vaste champ à la dispute, sans pouvoir nous conduire d'une manière bien sûre à la vérité, ne nous y arrêtons pas : attachons-nous plutôt aux principes de raisonnement : dans cette seconde route, nous n'aurons à nous défendre que des piéges d'une trop grande subtilité : mais quand même les écueils seroient égaux de part & d'autre, au moins ici l'on arrive bien plutôt au terme ; & c'est ce qu'il nous faut, vu le peu de temps que nous avons à donner à la discussion de cette grande matière.

LE DUC. Je vois effectivement qu'en ne considérant l'histoire que d'une manière superficielle, on peut également s'en servir pour prouver le pour & le contre : & que si l'on vouloit approfondir les faits & les combiner ensemble, on feroit nécessairement des volumes entiers. Il y a néanmoins des événemens dont la cause est si évidente, dont les effets sont si bien marqués ; en un mot des événemens si nettement caractérisés, qu'on ne peut & que l'on ne doit pas même se les interdire.

FÉNÉLON. Mais alors il ne faut

qu'un mot, & ce mot fait pour les esprits droits une preuve sans réplique. Du reste, je ne conviendrois pas facilement de l'inutilité de mes deux premiers principes par rapport à notre thèse générale; & je crois, Monseigneur, que vous avez lié ensemble des idées très-diverses qu'il faut distinguer. Le premier pas de l'homme est le plus chancelant de tous: mais il est le plus nécessaire; & c'est l'esquisse de tous ceux que l'homme doit former pendant toute sa vie. Les premières idées de l'homme doivent être les plus obscures de ses idées: mais elles sont les plus convenables à sa destination: c'est le fruit des impressions les plus naturelles qu'il puisse éprouver, le trésor le plus essentiel à sa conservation; en un mot, ce sont les idées les plus vraies qu'il puisse former, & le germe, le modèle de toutes les autres. Le premier ouvrage de l'homme doit être le plus imparfait de ses ouvrages, & en même temps le plus

D 4

intéreffant pour lui, celui que le befoin réclame le plus impérieufement. Nos effais en tout genre ne font que des ébauches groffières : mais le plus fouvent nous ne parvenons au beau & à la perfection, qu'en travaillant fur le plan de nos premiers effais. Ainfi les premiers gouvernemens monarchiques ont dû fourmiller de défauts ; mais cette forme de gouvernement n'en eft pas moins, en général, la plus convenable à la fociété. C'eft à l'expérience & au génie des grands hommes à la perfectionner enfuite felon les circonftances. S'il en étoit autrement, la nature nous conduiroit elle-même & néceffairement à l'erreur ; ce qui me femble être une doctrine très-dangereufe, & par conféquent très-fauffe. La nature nous laiffe le foin & le mérite de nous rapprocher de ce qui eft parfait & fini : mais elle nous met elle-même fur la voie qui y mène.

Cependant, comme mes deux premiers principes ne font que des preuves indirectes de la préférence due au gouvernement monarchique, nous passerons tout de suite aux autres principes qu'il nous reste à examiner, si vous le voulez bien.

LE DUC. Très-volontiers, d'autant plus que les preuves indirectes, même les mieux établies, ne forment jamais qu'une persuasion inquiète, flottante & incertaine, c'est-à-dire, qu'elles ne persuadent pas suffisamment lors même qu'on ne peut y rien opposer.

FÉNÉLON. Je ne vous présenterai donc plus que des preuves directes.

III. PRINCIPE.

Le gouvernement monarchique est celui auquel tous les autres doivent le plus naturellement aboutir.

Je ne prétends au reste honorer du titre général de *gouvernemens* que les diverſes eſpeces de républiques & de monarchies, mais dont le nombre peut être porté à l'infini : car mon deſſein n'eſt point de mettre la monarchie en parallele avec le deſpotiſme abſolu, ni avec l'ariſtocratie rigoureuſe, non plus qu'avec l'anarchie ; ce dernier état ne me paroît gueres plus contraire à la nature que les deux autres. L'anarchie eſt un état de guerre de tous contre tous; le deſpotiſme abſolu eſt un anéantiſſement général ſous la main d'un ſeul, & c'eſt ce que l'anarchie même peut produire de pire ; l'ariſtocratie rigoureuſe eſt le deſ-potiſme des républiques, ou le deſpo-tiſme remis à pluſieurs, c'eſt-à-dire, le plus affreux de tous. Dans ces trois états, il n'y a ni biens, ni propriété, ni li-berté, ni droits, ni loix, ni défenſeurs, ni titres : tout y eſt devoir, charge, eſclavage & deſtruction d'un côté, & de l'autre caprices & fantaiſies. Gardons-nous donc d'honorer ni l'ariſtocratie rigoureuse du titre de république, ni le despotisme du titre de monarchie, non plus que l'anarchie du titre de société.

Mais, comme je l'ai déja observé, la forme d'une république peut se diversifier & se particulariser de mille manieres différentes ; & c'est de ces diverses especes de républiques que j'ai dit qu'elles aboutissent tout naturellement au gouvernement monarchique.

Tout est variable en ce monde ; telle est la nature des choses ; leur existence même n'est qu'une suite successive de divers états ; & ce n'est que par ces variations successives que nous mesurons la durée des êtres, en un mot *le temps*. Les corps sont sujets à cette loi ; il n'en est point d'inaltérables dans le système du monde où nous sommes : le monde moral subit peut-être encore plus de variations & de vicissitudes que le monde physique, quoiqu'elles nous frappent moins, n'étant pas du ressort de nos sens. L'hom-

me eſt donc changeant, & c'eſt un ca‑
ractere qu'il imprime néceſſairement à
toutes ſes productions. Ainſi il n'eſt point
de forme de gouvernement qui ſoit inva‑
riable : la plus conſtante n'eſt pas telle
aujourd'hui qu'elle étoit hier, & demain
elle ne ſera plus ce qu'elle eſt aujour‑
d'hui ; il n'eſt aucun contre-poids qui
puiſſe balancer la pente que tout éprouve
vers le changement. Les républiques
donc les plus ſages, les mieux ordonnées,
doivent s'altérer de jour en jour, ainſi que
les monarchies, & finir à la ſuite d'une
infinité d'altérations inſenſibles, par des
changemens décidés, des agitations vio‑
lentes, de fortes ſecouſſes, qui, après
quelque réſiſtance, entraînent enfin toute
la machine, & décident la ruine entière
de l'état : la malignité de l'eſprit de
l'homme, la perverſité de ſon cœur,
l'ambition inſatiable qui le ronge, le
mécontentement inquiet qui l'agite, l'envie
qui le tourmente, le vide de tout ce qu'il

a , les charmes attrayans de tout ce qu'il n'a pas, fes talens & fa mal-adreffe, fes fuccès & fes revers, tout contribue également aux révolutions dont nous parlons , indépendamment du concours des caufes étrangeres & des circonftances locales. Toute forme de gouvernement quelle qu'elle foit, doit donc de temps en temps éprouver des fecouffes & fubir des révolutions, c'eft-à-dire , amener des troubles publics : or , en ce cas, que doit-il en réfulter ? Cherchons ici le plus néceffaire, ce qu'il y a de plus vrai-femblable.

N'eft-il pas vrai que , dans tous les troubles, il faut un chef ou des chefs ? Y a-t-il des partis fans chefs ? & ces partis feroient-ils long-temps à craindre , s'ils n'avoient pas de chefs ? Si un même parti en a plufieurs , cela forme un corps, & ce corps doit avoir un chef : s'il n'y avoit qu'un parti, il n'y auroit point de trouble, puifqu'il n'y auroit point de ré-

fiftance ; dès qu'il y a réfiftance, pluralité & oppofition de partis & troubles,
il y a auffi ou guerre ouverte, ou guerre
d'intrigues. En ces circonftances, plus
on avance, plus on s'echauffe, plus on
s'éloigne de tout efprit de conciliation :
la chofe la moins probable, c'eft un rac-
commodement ; & même lorfque des
caufes étrangeres l'amenent, il y a un
parti qui y gagne & qui triomphe. Le
chef du parti vainqueur acquiert toujours
plus d'autorité : chaque nouveau fuccès
infpire à fes partifans un nouveau degré
de refpect, d'eftime, de reconnoiffance,
d'attachement, d'admiration, de déférence
pour lui ; chaque pas aide donc à en
faire un Roi : cela n'arrive pas toujours
comme je le dis ; mais ce que je dis
eft ce qui arrive le plus fouvent, & ce
qui doit le plus naturellement arriver.
Les républiques aboutiffent donc naturellement à la monarchie; les monarchies
retombent donc elles-mêmes dans leur

premier état, lorsqu'il y a des troubles publics ; mais vous m'avouerez que, de toutes les révolutions, la moins funeste eft celle qui nous ramene à l'état qui l'a précédée. En ce cas, pourquoi ne pas admettre d'abord le gouvernement monarchique ; & quand on l'a, pourquoi le quitter ?

Le Duc. Les révolutions peuvent être plus ou moins rares ; on peut les prévenir, & dès-lors elles ne font pas un mal affez grand pour renoncer à un gouvernement plus parfait, fous le prétexte qu'après trente générations heureufes, il y en aura une qui fera à plaindre.

Fénélon. Au moins votre Alteffe Royale ne nie point mon principe confidéré en lui-même, & c'eft tout ce qu'il me faut pour le préfent ; le refte de votre objection trouvera fa réponfe dans les principes qui vont fuivre. N'eft-il pas vrai, au refte, que nul homme n'a le droit de rendre la génération actuelle

malheureufe, fous le prétexte que les générations fuivantes auront un fort plus
fortuné? Ce fort plus fortuné eft toujours,
dans ces fpéculations fi périlleufes, une
chofe fort douteufe; & n'eft-il pas cruel
de me faire aujourd'hui un mal affuré,
dans l'efpérance de procurer demain un
bien quelconque à mon voifin? Quel
droit avez-vous de me facrifier à ce
voifin? quel droit ce voifin peut-il avoir
lui-même fur ma fortune & mon exif-
tence, fi de mon côté je n'ai aucun droit
fur lui? Vous n'auriez donc pas, & ne
pourriez jamais avoir, le droit de fonder
le bonheur de trente générations fur le
malheur d'une feule; c'eft-à-dire, qu'il
y auroit une injuftice publique, criante,
inadmiffible, à faire volontairement &
fciemment le bonheur de trente aux
dépens d'un feul qui n'auroit point à
profiter de ce bonheur.

IVe.

IV. PRINCIPE.

Le gouvernement monarchique est le plus facile à rétablir.

Un gouvernement est altéré ou par des troubles publics, ou par la corruption générale des mœurs & le mépris des loix, leur impuissance en un mot.

Dans le premier cas, nous venons de voir que, selon la plus grande vraisemblance, les troubles publics finiront dans une monarchie par la ramener à son premier état; ce qui fait la plus douce des révolutions, & la plus facile : car le Roi est chef né d'un parti; la forme du gouvernement monarchique requiert des classes distinguées de citoyens, ce qu'on nomme des *princes*, des *ministres*, des *grands*. L'habitude accoutume & porte le peuple à leur déférer : ils sont en possession des titres, du rang, du crédit, des richesses, voilà donc des chefs élus par leur pofition même ; il n'y aura pas tant de conflit pour cette élection que dans les républiques. Ces chefs , par la même raifon , auront plus d'autorité, plus de puiffance ; ils agiront avec plus de vigueur ; & quand l'ambition portera le chef vainqueur à fe faire roi , il trouvera les peuples plus difpofés à feconder fes vues, à fe foumettre à fes loix. On ne peut pas difconvenir que cette marche des événemens ne foit la plus naturelle & la plus ordinaire, & cela nous fuffit , vu qu'en matière de politique c'eft toujours le plus probable que l'on doit chercher : les faits extraordinaires qui y font exception , ne doivent y être confiderés que comme les objets monftrueux le font dans les ouvrages où l'on traite des loix phyfiques.

Si le gouvernement eft altéré par une fuite de la corruption des mœurs & de l'inaction des loix , il faut rendre aux mœurs leur première pureté & aux loix leur ancienne vigueur, pour rétablir le gouvernement. Or tout cela eſt impoſſible dans une république, & très-facile dans une monarchie. Pour rétablir les mœurs & les loix, il faut que celui qui a l'autorité en main le veuille, c'eſt-à-dire, qu'il reſpecte les loix, qu'il chériſſe les bonnes mœurs, en un mot, qu'il ait lui-même des mœurs & de la déférence pour les loix. On peut trouver tout cela dans le roi d'une nation corrompue, & il ſuffit alors que le roi ſoit tel : mais dans une république, il faudroit que le légiſlateur, c'eſt-à-dire tout le peuple, fût réformé ou n'eût pas beſoin de réforme avant qu'il voulût réformer l'état, ou ſe réformer lui-même ; ce qui eſt une contradiction.

Cette réforme eſt donc impoſſible dans une république à moins de quelque action violente d'une puiſſance étrangère à l'état: à quoi il faut ajouter que quand tout le ſénat d'une république concevroit

le plan d'une telle réforme, il le concevroit en vain; puifque, pour réuffir, il faudroit des moyens analogues à l'état où
font ceux qu'on veut réformer, & au but
où l'on veut les amener; c'eft-à-dire, des
moyens puiffans, propres à faire impref-
fion fur des hommes corrompus, & à les
porter à fuivre les loix : ces moyens ne
peuvent pas être pris dans la vertu même :
ils feroient en oppofition directe avec ceux
qu'on veut perfuader, ils les révolteroient.
Ils ne peuvent pas être pris dans les diftinctions propres à flatter l'amour-propre ;
ils feroient en oppofition directe avec l'efprit d'une république; ils corromproient
encore plus les mœurs, & éloigneroient
encore plus du refpect dû aux loix.

Dans une monarchie, les chofes fuivent un ordre tout contraire ; les diftinctions font propres à flatter les hommes
corrompus , & analogues à la nature du
gouvernement : un monarque a donc des
moyens faciles & fûrs pour faire la ré-

forme qu'il aura réfolue. C'eft donc à tous égards le gouvernement le plus facile à rétablir. Je m'attache aux principales raifons, & j'élague les détails le plus que je puis, de peur de manquer de temps : mais une raifon fuffit, fi elle eft péremptoire.

LE DUC. C'eft auffi pour ménager le temps, que je vous laiffe la liberté de continuer fans vous interrompre ; autant toutefois que je n'aurai pas des doutes bien réels à vous communiquer.

FÉNÉLON. Je donnerai toujours lieu aux objections le moins qu'il me fera poffible : mais je continue.

V. PRINCIPE.

Le gouvernement monarchique eft le plus aifé à perfectionner.

Perfectionner un gouvernement, c'eft fans doute, 1°. lui donner plus de fta-

bilité; 2°. en rendre la forme plus fimple; 3°. en affurer les bons effets.

Suppofons qn'une monarchie s'établiffe
fous la forme la plus fujette aux entraves,
aux embarras & aux changemens : aux
entraves, à caufe de la trop grande portion d'autorité réfervée foit au peuple,
foit aux grands ; aux embarras, à caufe
de la multiplicité des formalités requifes ;
aux changemens, à caufe des droits ôtés
à la perfonne du monarque, & furtout
à caufe de l'inftabilité des opinions nationales & de la diverfité des prétentions.
Ceci demanderoit de grands détails, &
nous ne pouvons nous y livrer.

Un monarque a tout cela à craindre
fous toutes les formes mixtes, comme
étoit celle de la France au commencement de la troifième race, lors du gouvernement féodal ; comme eft à préfent
celle de l'Angleterre, depuis le concours
des parlemens élus ; comme eft encore
celle de la Pologne depuis l'établiffement

de ſes diètes, & l'ariſtocratie de ſes palatins. Les changemens ſont à craindre
quand le trône n'eſt pas héréditaire, ou
qu'il n'y a pas de loix fixes , certaines
& reſpectées ſur cet objet, comme en
Ruſſie. Les embarras proviennent quelquefois d'une cauſe contraire , comme
lorſque l'autorité du ſouverain n'eſt pas
aſſez déterminée par les loix , & qu'en
conſéquence, elle touche de trop près à
l'arbitraire & au deſpotiſme ; comme on
l'a vu ſous les premiers empereurs Romains. La diverſité , la contrariété , l'in-
certitude des opinions publiques tient
ſurtout à la nouveauté de la forme de
gouvernement exiſtante : car comment
obtenir un reſpect bien univerſel & bien
profond pour une choſe que nos ayeux
n'ont pas vue, & à laquelle nos peres
ont concouru par mille cauſes diverſes
qui nous ſont particuliérement connues,
& parmi leſquelles il y en a tant que
nous ne pouvons reſpecter?

E 4

Or, pour remédier à tout cela, il ne faut que l'action de l'autorité souveraine, laquelle est en tout ou en grande partie dans la main du monarque. Si donc le monarque est bien convaincu des vices qui se trouvent dans la forme du gouvernement, on ne peut pas croire qu'il ne desire ardemment de les corriger, puisqu'il y est le plus intéressé & le premier à en souffrir ; & c'est déja la moitié, ou plus, de gagné : au lieu que dans les républiques, pour remédier au moindre vice, il faudroit souvent ébranler les premières loix de l'état, & secouer l'arbre tout entier ; il faudroit se livrer à l'entreprise la plus hardie & la plus dangereuse ; puisqu'on ne peut avoir seulement la pensée de toucher au dépôt des premières loix sans s'écarter de l'esprit des républiques ; ce qui se réduit à dire que, pour perfectionner cette forme de gouvernement, il faut commencer par y corrompre tous les esprits.

Vous concevez, d'ailleurs, combien de peine on auroit à perfuader au peuple de travailler & de confentir à de pareilles entreprifes que l'on a dû, dès le berceau, lui peindre fous les couleurs du plus grand attentat public. Les anciennes & premières loix de l'état font le tréfor du peuple dans une république ; & ce peuple eft foupçonneux, défiant, opiniâtre, facile à allarmer, & terrible dans les foulevemens occafionnés par de femblables allarmes.

Auffi voyons-nous que plufieurs grandes monarchies fe font perfectionnées de fiècle en fiècle. Quel exemple plus frappant peut-on en rapporter que la France même ? Sous la première race, il y avoit peu de loix ; c'étoit un champ en friche : fous la feconde race, on donna beaucoup de loix, très-imparfaites fans doute ; mais au moins on en donnoit, & c'étoit fe mettre fur les voies de la perfection. Le commencement de la troifième race fut une époque funeste , en ce que les grands abusèrent du befoin que l'on avoit d'eux, pour changer légalement les charges de l'état en biens héréditaires, & les graces du fouverain en droits acquis. C'étoit retourner vers la première barbarie de la nation , & faire d'un peuple puiffant , le plus foible de tous les peuples par l'impoffibilité où étoit le fouverain de réunir toutes fes forces & de les employer utilement pour la défenfe de l'état.

On fentit bientôt les inconvéniens de tant de droits oppofés ; & nos rois travaillèrent à les détruire : ils rendirent la liberté aux peuples, premier échec porté à la trop grande puiffance des vaffaux, dans la main defquels ces affranchiffemens alloient prendre des efclaves, pour en faire des citoyens qui ne devoient plus être dévoués qu'à l'état. Les croifades affoiblirent encore plus les grands feigneurs ; & le gouvernement gagna infiniment par-là à ces guerres faintes. Il n'étoit pas au pouvoir des rois de réfifter à l'impulfion générale de tous les efprits, & à l'enthoufiafme religieux de toute la chrétiennete: mais ils en profitèrent pour l'avantage du gouvernement; & c'eft de quoi on ne peut trop les louer. Ces courfes lointaines donnèrent de nouvelles idées aux princes & aux peuples : on rapporta de l'orient des connoiffances & du goût: l'efprit s'agrandit; & il n'y a que la barbarie qui y ait perdu.

De-là les loix en France changèrent de nouveau, & devinrent plus juftes, plus fages & plus convenables : il n'y a pour s'en convaincre qu'à voir celles de faint Louis & des monarques qui le fuivirent. Tant de changemens ne pouvoient qu'irriter les grands, dont l'autorité funefte & irrégulière y perdoit. Ainfi les rois s'armèrent contr'eux de toutes les forces du peuple & de la religion : ils donnèrent une nouvelle fanction aux formes publiques: ils choifirent dans le tiers-état des conseillers dont les grands , seuls juges alors dans l'état, furent obligés de prendre les avis : outre cela on convoqua avec plus de cérémonies , d'éclat & de régularité les divers ordres de l'état : enfin la monarchie Françoise est parvenue pas à pas , & de siècle en siècle, au point où nous la voyons aujourd'hui , & qui me semble être, du moins à ne voir les choses qu'en grand, & indépendamment des établissemens particuliers qu'on y peut faire tous les jours, le plus haut point de perfection où elle puisse parvenir.

Je pourrois suivre avec les mêmes détails beaucoup d'autres monarchies qui se sont également perfectionnées en vieillissant. Je citerois, par exemple, l'Espagne, la maison de Savoie, & cette maison puissante qui a hérité des états de la maison de Bourgogne, & plusieurs autres ; au-lieu que parmi les républiques, je n'en vois aucune qui ne se soit altérée dès le premier pas qu'elle a fait hors du cercle de ses premières loix. Suivez-en vous-même l'histoire avec attention, & voyez si j'ai tort. Les républiques qui se sont conservées & maintenues long-temps, n'ont-elles pas eu dès l'instant de leur formation, la forme qui les a conservées ?

LE DUC. Vous m'avez fait trembler ! il semble, d'après ce que vous avez dit de la France, que notre forme de gouvernement soit prête à décliner.

FÉNÉLON. J'espere que ce malheur n'arrivera jamais ; & que si dans quelque époque funeste on en étoit menacé de plus près, la sagesse de nos rois arrêteroit & répareroit promptement le mal qui auroit été fait par les premières atteintes. J'en ai pour garant le sang qui coule dans les veines de l'auguste maison de France ; je compte beaucoup sur vos heureuses dispositions, & sur la protection spéciale que le ciel a toujours paru ac-

corder à cette monarchie. Sans doute le
caractere noble & loyal des grands de
l'état doit encore fortifier nos espérances:
d'ailleurs, il y a toujours de grandes
ressources dans une monarchie, & sur-tout
depuis que les connoissances ont succédé
à l'ignorance de nos peres. Mais si l'on
considere d'une manière plus générale
l'état actuel de la France, on trouvera,
je pense, qu'il ne faudroit que quelques
regnes malheureux de suite pour la reculer
de plusieurs siècles, & sur-tout pour affoiblir la considération où elle est dans
toute l'Europe, son crédit & son influence
dans les affaires. Ce n'est pas, au reste,
parce que nous sommes plus près de la
perfection que je crains que nous ne
touchions à une époque malheureuse,
ce n'est qu'à cause de l'influence nécessaire de plusieurs circonstances particulières, & principalement de deux dont
je prévois les terribles effets. La première,
c'est que depuis Charles VII, qui fut

obligé d'établir des troupes royales &
perpétuelles, des troupes soldées, on a
toujours augmenté en Europe les armées
que l'on paie même en temps de paix.
Par une suite nécessaire du premier pas
qui rend le second inévitable, les souverains ont tous voulu avoir des troupes :
chacun d'eux a multiplié ses efforts pour
en accroître le nombre; considérées comme seule force de l'Etat, les troupes ont
attiré la principale attention du gouvernement; on a tout sacrifié à cet objet ;
les plus grands génies se sont appliqués
à en perfectionner la discipline, laquelle
demande sur-tout une obéissance aveugle.
Par là on peut craindre que les souverains ne
soient maîtres de devenir des despotes. Le
militaire augmentant toujours en Europe,
on enlevera toujours plus de cultivateurs à
la terre ; & pour payer ces hommes oisifs,
on chargera toujours la terre de nouveaux
impôts. Personne ne pourra arrêter ce
mal ; car le souverain qui l'entreprendroit,

feroit bientôt la proie des autres puiffances: il faudra donc toujours tendre davantage cet arc, jufqu'à ce qu'enfin il fe brife; & c'eft le réfultat néceffaire du gouvernement militaire. Que de violences, de troubles, de tyrannies, ne doivent pas réfulter de ce malheur?

Le fecond point qui m'effraie d'avance, c'eft la fermentation que l'étude doit naturellement produire dans les efprits, au moins pour un temps : le François eft vif, il eft prompt, il eft pétulant; & tout enthoufiafme chez lui eft dangereux, fur-tout lorfqu'il paroît être infpiré & approuvé par la raifon. Je ne fais fi je parviendrai à bien rendre ma penfée; mais la voici telle que je puis la développer. Rien n'eft plus précieux que le goût des arts & des fciences; mais ce goût peut accidentellement produire de grands maux en de certaines époques. L'efprit fe porte d'abord vers l'agréable. Ainfi on commence par cultiver les beaux

arts ;

arts; enfuite l'amour du changement, le defir de la nouveauté, l'envie de fe diftinguer, les bornes marquées à l'efprit humain, conduifent l'homme à de nouveaux objets. Les fciences & les arts forment un cercle fur lequel l'efprit général doit fe promener, fans s'arrêter long-temps fur aucun point; on peut envifager chaque pas un peu étendu comme formant le caractere propre du fiécle où ce pas a été fait. Ainfi la critique a régné chez nos peres; aujourd'hui le goût s'eft formé, nos neveux voudront tout foumettre au calcul & à la logique feche de la raifon. Ce fera le fiécle de la philofophie, d'une philofophie chicanière, décharnée, fubtile, fophiftique, maligne, corrompue, mécontente, boudeufe, amere, emportée, felon le caractere des perfonnes.

Pour vous convaincre que je me trompe ici beaucoup moins que je ne voudrois me tromper, voyez en quoi confiftent les principaux traits de l'efprit philofophique!

N'eſt-ce pas à réfléchir, à obſerver, &
à s'affranchir du joug de l'autorité ? La
hardieſſe de penſer, le goût de l'obſervation, l'habitude de la réflexion , ces
traits conviennent également à l'eſprit
philoſophique , mais ne ſont pas également à la portée de tout le monde. Il
faut du génie pour devenir vrai obſerva-
teur; il faut une trempe particulière pour
que l'ame puiſſe ſe plier à l'habitude de
la réflexion : ces deux qualités ſont infiniment précieuſes , mais rares & difficiles à proportion ; on en aura la manie
& non la réalité, ſans laquelle néanmoins
la hardieſſe de penſer devient le travers le
plus dangereux de l'eſprit humain. La
hardieſſe de penſer eſt un cheval fougueux
qu'il faut dreſſer , diriger , & conduire
à la main : abandonné à lui-même, il
s'échappe & ſe perd.

Or , dans un ſiècle où régnera le goût
philoſophique, tous penſeront hardiment ;
ce ſera un ton , une mode, une manie :

le ridicule de tant de pédans, & leur morgue n'eſt point ce qui m'afflige le plus. Pour mieux afficher ce ton, qui chez le très-grand nombre ne ſera ſoutenu ni par la juſteſſe ni par la profondeur des idées, on ſoumettra tous les objets à ſon jugement ; on ne reſpectera ni mœurs, ni principes, ni religion, ni loix fonda-mentales, ni autorité, ni police : on ſera frondeur. Le gouvernement ſera obligé de ſévir pour arrêter les progrès de cette contagion ; la philoſophie en prendra de l'humeur ; elle déclamera, détruira autant qu'il lui ſera poſſible. S'il arrive qu'en même temps il y ait quelque vice dans l'adminiſtration, les eſprits s'aigriront ; & Dieu ſait juſqu'où le mal pourroit être porté. On y perdroit déja infiniment, quand il n'en réſulteroit que l'altération de cette gaieté douce & ſociale, de cette aiſance qui caractériſe le François, qui le conſole, & qui charme l'étranger.

Le Duc. Mais que faire pour arrêter

ou prévenir, ou réparer ces malheurs publics ?

Fénélon. Quant au premier, je n'y
connois pas de remede sûr & général :
il faut puiser dans les circonstances particulières ceux que l'on pourroit y appliquer avec succès. Il faudroit trouver
le moyen d'abréger l'étude de l'exercice,
afin de laisser au militaire le loisir d'habiter
la campagne & de cultiver la terre pendant
la majeure partie de l'année, de manière
qu'en temps de paix on dérobât moins
de monde à la culture, & qu'on eût
moins de dépense à faire, moins d'impôts à exiger du peuple, sans que l'on en
eût moins de soldats en temps de guerre,
ou qu'ils fussent moins bien disciplinés.
Peut-être encore que des génies heureux
feront de nouvelles découvertes semblables à celle de la poudre, qui changeront la forme des armées, & rendront
le grand nombre des soldats inutile : ainsi
il faut attendre & veiller sur tout ce qui

pourra s'offrir de mieux à ce sujet, afin d'être des premiers à en profiter.

Pour ce qui concerne l'abus de l'esprit philosophique, il faut faire plus que d'attendre ; il faut prévenir le mal : pour cela, il ne s'agit pas d'interdire les sciences & les arts ; au contraire, il faut les encourager ; mais en même temps, l'on doit employer les moyens propres à en empêcher l'abus. C'est, si j'ai bien conjecturé, la hardiesse de penser, séparée de l'esprit de réflexion & d'observation, qui fera le mal : eh bien ! il s'agit d'accoutumer les esprits à réfléchir & à observer ; alors la hardiesse ne sera plus dangereuse, elle sera utile : mais, pour parvenir à ce but, il faut prendre l'homme dès le berceau. Commençons par réformer les systêmes d'éducation tant dans les villes que dans les campagnes ; ou plutôt créons des systêmes d'éducation ; car nous n'en avons pas : que l'on distingue bien ce qui doit être sacré pour tous, d'avec ce qu'il nous

eſt permis de diſcuter; que l'on accoutume de bonne heure les enfans à penſer;
que leur inſtruction ne ſoit pas le fruit de
leur mémoire ſeule, mais que ce ſoit celui
de leur raiſon; qu'on les force non pas
de retenir, mais d'apprendre; c'eſt-à-dire,
que toutes les connoiſſances qu'ils ac-
querront, ſoient le travail de leur eſprit:
que, d'abord, on les habitue à obſerver
les détails de tout ce qui eſt à leur portée;
qu'ils voient enſuite l'influence de chaque circonſtance; que l'on fortifie toujours plus ce goût de réflexion & d'obſervation, en promenant l'eſprit avec méthode ſur tous les objets intéreſſans; que
l'on finiſſe par des cathéchiſmes ſimples,
clairs, mais bien ſolides & bien raiſonnés
de tout ce qu'il eſt utile & convenable
de ſavoir & de reſpecter dans les principes & les loix de l'humanité, de la
religion & du gouvernement. Si, après
cela, on craint encore la trop grande
hardieſſe de penſer, on peut, pour for-

mer un contre-poids, prendre des mesures propres à fortifier le respect dû aux
choses saintes selon la religion & la société ; en faisant des établissemens analogues, par exemple, à ceux par où les
Chinois ont rendu si respectables à tous
leurs citoyens les mœurs & les loix de
leur nation. Le dernier de tous les re-
medes, un remede pire que le mal, ce
seroit de mettre des entraves à la fécondité & à l'activité de l'esprit humain.
Les effets de l'ignorance sont aussi infinis &
durables qu'elle, & tous pernicieux ; ceux
du goût de l'étude sont la plûpart très-
avantageux ; & les autres ne sont que
passagers, sans même être nécessaires.
Mais cette digression nous a menés un peu
loin : revenons à nos principes.

VI. Principe.

Le gouvernement monarchique est celui sous lequel les établissemens avantageux sont plus faciles à exécuter.

Ce principe paroît d'abord n'être qu'une branche du précédent : cependant il y a bien de la différence entre perfectionner une forme de gouvernement, & contribuer au bonheur des citoyens par des établissemens particuliers. Le premier de ces deux avantages me semble impossible dans une république ; le second y a lieu même assez souvent, mais encore plus dans une monarchie.

En effet, outre la difficulté qui provient de la juste méfiance, que les ames républicaines doivent avoir contre tout ce qui est nouveauté, méfiance qui n'est ni aussi convenable, ni aussi naturelle, ni aussi juste dans une monarchie : outre

que pour obtenir la réfolution la plus
fimple & la plus utile, il faut, dans
une république, convaincre & perfuader
des milliers d'efprits différens, & fouvent divifés en plufieurs partis, au point
que l'un blâme toujours ce que l'autre
approuve ; au lieu que dans une monarchie, il fuffit de gagner un fouverain,
ou tout au plus encore un miniftre ou
deux miniftres : c'eft que ces établiffemens
font coûteux, & que les républiques ont
moins de richeffes que les monarchies.
L'état eft donc en général moins à portée
d'y fonger dans l'une que dans l'autre
de ces deux formes de gouvernement.

D'ailleurs, les particuliers républicains
font eux-mêmes moins riches ou plus
modeftes, & tout ce qui fert à nous diftinguer devient odieux à des républicains;
au lieu que dans une monarchie, un
particulier très-riche obtient, en fondant
quelque établiffement utile, l'admiration
& la reconnoiffance de tous les citoyens,

& même des diftinctions publiques felon que le monarque en eft inftruit & touché.

Dans une monarchie on eft plus hardi, plus actif; &, dans une république, on eft plus timide , plus retenu dans les fortes de circonftances dont il s'agit ici. Ceci vous paroîtra une contradiction , & cependant rien n'eft plus vrai. Il y a donc, dans une monarchie, plus de motifs pour imaginer des établiffemens utiles, moins de fujets de crainte quand on veut les propofer, plus de facilité pour les faire approuver, plus de moyens pour les exécuter ; & plus d'agrément à y avoir eu part.

Auffi , Mᴼᴺˢᴱᴵᴳᴺᴱᵁᴿ , dans quelle république a-t-on vu plus d'établiffemens particuliers & avantageux que dans plufieurs monarchies? Il n'eft pas néceffaire de courir jufqu'à la Chine pour en juger, ni d'examiner ce qui s'eft fait en Angleterre avant la dernière révolution, non plus que ce qui fe pratique chez les

autres puiſſances de l'Europe. Nous n'a-
vons pas une ville médiocre en France
qui n'ait un college complet & bien fondé;
nous avons preſque autant d'univerſités
que de provinces : chaque ville a au moins
un hôpital, & pluſieurs villes médiocres
en ont juſques à trois ou quatre : tant
d'académies & d'écoles particulieres, tant
d'établiſſemens religieux, utiles, & même
néceſſaires, pieux du moins dans le temps
de leur fondation ! Chaque chaumière a
ſon paſteur ; chaque canton a ſon tribunal
de juſtice ; chaque voyageur marche ſur
une route magnifique, ſûre & commode ;
des ponts ſolides & durables couvrent
les rivières & les plus petits ruiſſeaux :
les digues, les canaux... De tous côtés
on trouve en France de ces établiſſemens,
tous plus utiles les uns que les autres ;
& plus de la moitié ne coûte rien au
ſouverain. Les détails ici ſeroient infinis.
Mais qu'eſt-ce que les amphithéâtres des
Grecs & des Romains, leſquels n'é-

toient que pour le faste, en comparaison de nos établissemens, qui sont d'une utilité plus réelle & plus générale? Ce point me paroît si évident, que je croirois insulter à la pénétration & à la justesse de votre esprit, en y insistant davantage.

M. le Duc. Ce sera donc par modestie que je vous demanderai si vous êtes bien assuré que les célebres républiques n'aient pas eu autant d'établissemens utiles que les plus fameuses monarchies? Rappellez-vous tout ce que vous m'avez appris des effets étonnans du patriotisme, tant dans les républiques anciennes que dans celles des temps modernes; & sachez-moi gré de tout ce que je pourrois citer, & dont je ne parle pas.

Fénélon. Je ne prétends pas non plus que les républiques ne nous offrent aucune preuve d'un véritable patriotisme: les vertus peuvent se comparer à ces plantes nécessaires qui, par un bienfait particulier de la Providence, croiffent par-tout ; ce qui n'empêche pourtant pas qu'un climat ne leur foit plus favorable qu'un autre. Le patriotifme, même au milieu des épines & des ronces de l'anarchie, fous l'aftre deffêchant des defpotes, a quelquefois porté les fruits les plus beaux & les plus précieux ; d'où vous ne chercherez pas fans doute à conclure que s'il brille davantage dans les défordres de la fociété, c'eft que ces défordres lui conviennent : il n'y brille plus que parce qu'il préfente un plus grand contrafte. Evitons les paradoxes, & ne cherchons que le vrai. Les Grecs ont fait de grandes chofes fans doute ; mais, fi nous connoiffions bien les détails de l'hiftoire ancienne, nous verrions peut-être qu'ils ont donné des exemples d'efforts héroïques & extraordinaires, plutôt qu'ils n'ont multiplié les facrifices particuliers & utiles, qui font l'objet du principe que nous examinons. Je ne prétends pas comparer ici Sparte & Palmire, Athenes & Babylone ; je chercherai encore moins à établir des comparaisons entre les premiers Romains ou les Carthaginois, & les Rois qui, de leur temps, gouvernoient en Sicile ou dans les autres contrées connues. Tout cela est trop loin de nous; tant de siécles forment pour nous une perspective qui nous dérobe les détails, & qui même voile ou transforme à nos yeux une partie des objets, en change du moins toutes les proportions. D'ailleurs, combien de causes étrangeres au gouvernement ont pu influer sur les actions que nous admirons le plus ? Les vertus des célebres républiques font-elles bien l'effet du gouvernement républicain ? Il vaut donc mieux se rapprocher des temps modernes où tout est plus à notre portée, pour établir nos points de comparaison & chercher la vérité.

Mais, dans les temps modernes, je crois encore m'appercevoir que les républiques offrent peut-être autant d'exemples que les monarchies, de ces dévouemens à la patrie qui font l'admiration des fiécles, de ces vertus pures & prefque furnaturelles que l'hiftoire a befoin de bien prouver pour les faire croire. Pour ce genre de belles actions, qui honorent infiniment l'homme, mais qui ne peuvent jamais caractérifer une nation, quoiqu'elles puiffent aider à caractérifer un fiécle, parce qu'elles tiennent plus aux circonftances de temps qu'aux principes de gouvernement, plus aux mœurs qu'aux loix; je conviendrois fans peine qu'une république naiffante qui fe rappelle ou qui craint encore toute la pefanteur du joug tyrannique qu'elle vient de fecouer, peut, durant un temps, l'emporter fur les peuples tranquilles qui l'environnent : l'enthoufiafme du moment, la néceffité de faire de grands efforts, la gloire de créer un nouvel ordre de chofes, le tableau du paffé dont la politique rembrunit chaque jour les couleurs, la perspective de l'avenir que l'imagination & la vanité embelliffent ; voilà fans doute des moyens sûrs de faire opérer des miracles. Mais les monarchies, dans leur origine & dans quelques époques bien critiques, ont eu auffi leurs prodiges de vertus. Cependant ce n'eft pas de ces phénomènes fublimes & rares que je parlois dans le principe que vous me difputez ; je n'avois en vue que des actions moins pénibles, quoique belles, des vertus plus tranquilles, plus douces, & dont les fruits appartiennent aux races futures, & fe reproduifent tous les jours & pour tous les citoyens. Je ne rentrerai pas dans les détails que je vous en ai donnés ; mais j'oferai vous défier de me citer une république qui ait autant d'établiffemens femblables que la monarchie Françoife ; & je vous prierai d'examiner les raifons que je vous en ai données. Je ne crains pas que vous ne conveniez,

veniez, avec moi, que mon principe eſt vrai, & qu'il doit l'être.

VII. PRINCIPE.

Le gouvernement monarchique eſt le plus favorable aux beaux-arts & au bon goût.

Le génie du goût & des arts demande de la liberté pour naître, des encouragemens pour ſe développer, & de la politeſſe dans les mœurs pour ſe perfectionner. La liberté de s'attacher à un genre d'occupation plutôt qu'à un autre, exiſte dans une monarchie comme dans une république : je croirois même que dans le premier état on voit plus d'enfans embraſſer une profeſſion différente de celle de leurs peres ; c'eſt qu'en effet cela eſt moins odieux, moins oppoſé au ton des mœurs de l'état, moins propre à déplaire aux yeux toujours inquiets & méfians du gouvernement. Mais cette première liberté n'eſt encore rien : les muſes demandent des encouragemens, & ſur-tout de deux eſpeces ; encouragemens du côté de la gloire, encouragemens du côté dé la fortune. Quelle gloire les arts peuvent-ils acquérir dans une république ? les arts ſuppoſent & répandent le goût du faſte ; on doit les craindre dans une république & les rejetter. Les ſpectacles publics & trop coûteux, les ameublemens riches & variés, en un mot, le luxe eſt une peſte publique dans un état républicain : c'eſt un levain cancèreux dans la maſſe du ſang, qui attaque & corrompt tout. Auſſi les artiſtes, j'entends les muſiciens, les poëtes, les architectes, les peintres, les ſculpteurs, & pluſieurs autres ſortes ſemblables, y ſont-ils très-rares : ils peuvent y être accueillis comme étrangers, mais la fumée de la gloire qui les nourrit, n'y exiſte point pour eux. La fortune s'y trouve encore moins ; l'état eſt toujours auſtere dans le choix des objets pour leſquels il a quelques dépenfes à faire. Ainfi le tour des artiftes n'arrive jamais; & cependant il y a des ouvrages que des particuliers ne peuvent ni commander ni payer : les citoyens qui auroient du goût pour un art, & qui feroient en état de fatisfaire ce goût, ne peuvent le fuivre qu'avec réferve & comme en cachette; ils ne peuvent jouir qu'en fecret des morceaux qu'ils auront fu fe procurer; & l'on fait que l'homme n'eft pas heureux, fi les autres ne font témoins de fon bonheur, & s'il ne peut le partager avec perfonne. Les républicains font en général pour les arts, ce que la religion proteftante eft pour les peintres. En ôtant les images de leurs églifes, les proteftans ont détruit l'efpece même des artiftes. Dans une monarchie, il faut des diftinctions, des rangs, & en conféquence du fafte, du luxe, de la dépenfe. Le fouverain, les grands de l'état, les citoyens les plus riches, acquièrent une

forte d'eſtime & de conſidération publique en protégeant les arts , en étalant
le goût que les arts doivent inſpirer : les
artiſtes y ſont recherchés, careſſés, accueillis, honorés, & enrichis.

LE DUC. Mais croyez-vous que ce
goût des arts ſoit bien réellement utile ?
D'ailleurs ne voyons-nous pas que les
plus grands poëtes , les plus grands ora-
teurs , par exemple , ont vécu & ſe ſont
perfectionnés dans des républiques ? Les
grands artiſtes de la Grece naquirent dans
des républiques : d'ailleurs, ſi le goût
des arts ne tend qu'à celui du faſte &
du luxe , c'eſt une triſte apologie des
monarchies que de leur attribuer de préférence un goût ſi pernicieux.

FÉNÉLON. Le goût des arts tient à
celui des ſciences ; & puiſque celui-ci
eſt néceſſaire , il faut admettre celui-là.
D'ailleurs ce goût n'eſt qu'un réſulſat de
pluſieurs qualités morales de l'homme,
cultivées & perfectionnées : & comment

peut-on douter des avantages de ce qui eft une perfeÑion? ce goût tient à l'honnêteté, & y mene; ce goût adoucit nos paffions, les modere & les dirige; ce goût augmente la fociabilité des hommes en répandant plus d'agrémens & de charmes fur leur commerce; il ajoute à nos vertus, fupplée à celles qui nous manquent; il affoiblit, diminue, ou corrige nos vices. Il contribue à l'éclat & à la richeffe d'un état au-dehors; il attire les étrangers; il perfeÑionne les mœurs : un fouverain doit donc le protéger; & nous avons eu raifon de faire entrer cet objet parmi ceux que nous avions à confidérer, d'autant plus que le goût des beaux arts produit & augmente le goût dans toutes les branches de l'induftrie, des fabriques & du commerce.

Vous m'avez fait une feconde queftion qui pourroit paroître plus embarraffante que la première. La poéfie eft née, dit-on, dans le fein des républiques. Comment peut-on le dire? on n'en connoît pas l'origine ; elle eſt née dans le ſein de l'admiration , & dans tous les climats où les paſſions ſont un peu vives. Les paſſions ont plus de reſſort dans de certains climats que dans d'autres. La poéſie a dû s'en reſſentir. Certains climats offrent aux paſſions de l'homme plus de jouiſſances, de plus heureux modeles à ſon génie, & mettent plus de douceur, plus d'agrément, quelque choſe de plus délicat, de plus fin dans ſon eſprit & dans ſes mœurs; c'eſt ainſi que les beaux-arts ſe ſont perfectionnés dans la Grece & en Italie, malgré que le gouvernement n'y ait pas toujours été le plus favorable aux beaux-arts. Mais qui me prouvera que ce goût n'y auroit pas encore été porté plus loin, ſi la Grece avoit formé une vrai monarchie? Combien même de traits ne trouverois-je pas dans la forme de l'ancien gouvernement de la Grece, par où ce gouvernement ſe rapprochoit de la monarchie, & pouvoit y suppléer? A Rome, c'est sous un monarque & à sa cour que la poésie a produit & multiplié ses chefs-d'œuvre. Quant à l'éloquence, je pense que, dans une république, elle a plus de sujets, & de plus grands sujets à traiter : mais si elle y a plus d'énergie & plus de force, elle doit être plus adroite, plus douce, & d'un goût plus fin dans une monarchie. Les Philippiques de Cicéron & ses Verrines sont d'un républicain : ses oraisons pour Marcellus, pour Milon, pour Déjotarus, & beaucoup d'autres, caractérisent le sujet d'une monarchie ; & j'aimerois mieux avoir fait celles-ci que les premières. Est-il bien vrai, d'ailleurs, que l'éloquence n'ait pas tout lieu de s'exercer, dans une monarchie, au temple, au barreau, & dans les conseils? Du reste la politesse des mœurs, plus essentielle dans une monarchie, perfectionne le goût des arts, l'épure & le raffine; ce principe est vrai, ou rien n'est vrai! Vous

G 4

concevez, au reste, que par le mot *paf-
fion*, je n'entends ici que ces penchans
modérés qui font une fuite, finon abfolument néceffaire, du moins naturelle
de notre pofition, comme hommes ou
comme membres de la fociété : car je
fuis loin de folliciter aucune indulgence
pour ces mouvemens déréglés qui n'ont
pour caufes que des erreurs vicieufes, &
pour effets que des défordres honteux,
& que l'on défigne également par le mot
de *paffions*; mais que la raifon profcrit,
d'accord fur ce point comme fur tout
autre, avec la vraie religion.

VIII. Principe.

*Le gouvernement monarchique eft celui
qui s'accorde le mieux avec les paffions
de l'homme.*

Vouloir détruire nos paffions eft une
chimère; vouloir leur refufer toute forte
d'aliment en eft une autre : il faut favoir

les plier fans violence, les diriger vers des objets faits pour elles, & les diftraire quand on ne peut les contenter. Or c'eft ce que je trouve de plus admirable dans les monarchies, puifqu'on y remplit toutes ces vues pour le bien de l'état.

Dans un état républicain, il n'y a de bon citoyen que celui qui n'a point de paffions, ou qui les concentre toutes fur un feul objet, fur un être abftrait, *l'intérêt de l'état :* il faut oublier, méprifer fon intérêt perfonnel, effort fupérieur à l'homme ordinaire. Il faut, chaque jour, facrifier quelque nouvelle victime à la divinité publique, l'efprit du gouvernement; & c'eft ce que chacun voudroit bien avoir le droit d'exiger des autres, mais c'eft à quoi prefque perfonne ne voudroit fe condamner foi-même. Les chofes qui font les plus indifférentes ailleurs, ceffent de l'être dès qu'on eft dans une république : la manière de vivre, le choix des mêts, les meubles, les vêtemens, le nombre des domeſtiques, tout ce qui tient à l'aiſance & aux commodités de la vie; les ſociétés particulières, les diſcours, le ton, les airs, les manières, tout ce qu'il y a de moins important dans l'homme moral, tout ce qui eſt entiérement libre & permis à ces deux égards dans une monarchie, & qui n'y eſt regardé par le gouvernement que d'un œil aſſez indifférent, devient important dans une république, & y eſt ordonné comme un principe de mœurs, ou prohibé comme un vice funeſte.

Ainſi il y a plus de liberté dans l'une que dans l'autre; & les paſſions ont par conſéquent plus de jeu, une ſphère plus étendue dans celle-là que dans celle-ci. Dans une monarchie, on eſt citoyen précieux en faiſant une grande fortune, pourvu que ce ſoit par des voies honnêtes. Dans une république, une fortune trop conſidérable vous rend ſuſpect & malheureux, puiſque vous ne pouvez en jouir à votre gré; jouiffance qui vous rend encore plus utile & plus honorable dans une monarchie. Je ne fais fi je me trompe; mais il me femble voir tous ces principes de l'œil de l'évidence : & quand tout ce que j'ai dit ne feroit pas fans réplique, au moins avouera-t-on que les fêtes publiques, les fpectacles, les cours, le cortege, la magnificence, la pompe, tout cela égaie, réjouit, occupe, amufe, diftrait, confole, & flatte le citoyen d'une monarchie. Son caractère en prend une teinte de gaieté, de politeffe & d'agrément, que vous ne trouverez jamais dans une république où tout eft trifte, dur & auftere. Les titres, les honneurs, les dignités, les préféances, les prérogatives, la faveur, le crédit, tout cela nourrit l'ambition dans une monarchie, & la fait tourner au bien de l'état : au moins tout cela amufe nos paffions, les flatte, les plie, & les dirige vers l'objet que le gouvernement choifit; au lieu que, dans une république, on n'y a rien de tout cela; ou bien on ne l'y a que pour un temps très-court; on n'en jouit point, ou bien on n'en jouit un temps que pour être plus malheureux enfuite par la privation qui fuit cette jouiffance.

En un mot, la monarchie va chercher l'homme en lui-même, & trouve dans l'amour-propre tout ce qu'il faut pour l'enchaîner : au-lieu que la république va chercher l'homme hors de lui-même, n'embraffe qu'un fantôme & ne le retient que par des liens illufoires : trop déliés, ces liens n'ont pas affez de force pour produire un effet certain ; ce font des nœuds coulans, qui ne retiennent que ceux qui ne veulent pas s'affranchir. Parlons fans figure : la monarchie prend l'homme tel qu'il eft : la république le fuppofe tel qu'il ne fera jamais. Laquelle doit le mieux réuffir à le bien gouverner, & à le rendre heureux?

LE DUC. La première, la plus chère

& la plus précieuse de toutes les passions de l'homme; n'est-ce pas la liberté? Or, il en jouit dans une république: elle est étouffée sous le sceptre du monarque. Dans cette dernière position, il n'est rien qui puisse consoler l'homme d'une semblable perte. Dans l'autre position, il n'est rien dont une pareille jouissance ne doive le consoler.

FÉNÉLON. Cette liberté des républiques est une perspective qui enchante l'œil de ceux qui ne la voient que de loin ; c'est un fantôme qui flatte l'imagination de ceux qui n'en jouissent pas, & qui récrée leur esprit par mille illusions. Mais consultez les républicains eux-mêmes ; ou plutôt, de peur qu'un faux enthousiasme ne leur fasse tenir un langage tout contraire à ce qu'ils éprouvent, saisissez-les dans ces momens d'épanchement, où leur amour-propre n'est pas intéressé à déguiser la vérité, où le fond de leur ame se développe tout entier, où ils fe plaignent des hommes qui font à leur tête ; vous ferez étonné de voir que leur prétendue liberté n'eft qu'un efcla-vage ; qu'ils le fentent eux-mêmes : qu'ils en gémiffent ; & qu'enfin ils font mal-heureux par l'endroit même par où vous les regardiez comme plus heureux que vous.

Et en effet, où feroit cette liberté tant vantée ? Suppofons que vous foyez citoyen de quelque république, même abfolument démocratique : il faut faire les loix ; eft-ce vous qui les faites ? Vous n'avez que votre voix : & qu'eft-elle dans la totalité ? Ce n'eft pas votre volonté qui fait la loi : c'eft celle des autres, puifqu'il faut la pluralité ! & combien n'y a-t-il pas à parier que les loix feront le plus fouvent arrêtées ou rédigées d'une manière contraire à vos vœux ? Alors il vous en coûtera d'autant plus de vous y foumettre, que vous vous regardez comme légiflateur : que votre amour-propre fera bleffé ; qu'en conséquence vous croirez qu'on a violé vos droits, & méprisé vos raisons. Vous attribuerez tout cela à des brigues, à des intrigues, à des séductions. La haîne s'emparera de votre ame sous le voile du zèle ; & à l'aide du dépit, vous chercherez vous-même à vous faire un parti : & voilà le désordre naissant de l'ordre même !

Mais, dites-vous, le plus souvent les loix feront faites selon mes vœux, puisque la pluralité en décidera, & que le plus grand nombre doit le plus souvent avoir raison, lorsqu'il s'agit de choses mises à la portée de tous, & que tous y font aussi essentiellement intéressés ?.... Je vous l'accorde : mais ne puis-je pas présumer la même chose dans une monarchie ? Si vous ne voulez que le bien, vous serez également satisfait, lorsque les loix faites par le monarque feront propres à le produire. Vous avez autant de raison de croire que le plus souvent ces loix feront telles dans la monarchie, parce qu'il faudroit que le monarque fût dans une démence totale pour qu'on pût suppofer qu'il voulût faire de mauvaifes loix : il eſt trop intéreſſé lui-même à les faire bonnes. Il a des magiſtrats trop éclairés pour qu'on puiſſe croire qu'ils ne verront pas l'inconvénient d'une mauvaiſe loi, plutôt que le peuple. Leur confcience, leur honneur, leur état, leur intérêt, tout les oblige de parler en ce cas. S'il ſe fait une mauvaiſe loi, vous avez du moins, vous ſimple citoyen, la confolation de favoir qu'on ne vous l'attribuera pas ; confolation que n'auroit pas un républicain. Vous avez celle de penfer que cette loi fera bientôt réformée ; le républicain n'a point encore celle-là ; non plus que l'efpoir d'obtenir une difpenfe, ce que l'on a fouvent dans une monarchie.

Un républicain eſt donc moins libre que moi, lorfqu'on fait les loix ; il l'eſt encore moins après que les loix font faites :

faites : car rien n'eſt ſi dur qu'une république. La méfiance générale eſt cauſe
de cette rigidité du gouvernement dans
une république. D'ailleurs le mot *liberté*
pris en général & dans une ſociété, ne
préſente aucune autre idée que celle de
pouvoir, ſelon de bonnes loix, diſpoſer
de nous-mêmes & de ce qui nous appartient : ainſi plus il y aura de choſes
que les loix nous permettront de faire
ſans qu'il en réſulte aucun dommage pour
les autres, plus nous ſerons libres ; &
en ce cas, il eſt évident qu'on eſt plus
libre dans une monarchie que dans une
république ; puiſque, dans la première,
nous pouvons à notre gré diſpoſer de
nous-mêmes pour le choix d'un état &
pour le genre de vie, & de nos biens
pour la manière de les acquérir, de les
faire valoir, & d'en jouir ſelon mille manières différentes que l'eſprit d'économie,
d'égalité & de méfiance interdit dans les
républiques. Cette dernière obſervation

H

revient à-peu-près à ce que nous avons déja dit en parlant des beaux-arts.

Les principes qui vont fuivre, font en grande partie autant de conféquences de ce que nous avons dit jufqu'ici : c'eft pourquoi je préfume que nous nous y arrêterons beaucoup moins.

IX. PRINCIPE.

Le gouvernement monarchique eft le plus propre à former des grands hommes.

Ce principe, qui, à mes yeux, n'eft qu'un corollaire des trois ou quatre principes précédens, vous paroîtra contradictoire avec quelques-unes des obfervations & des diftinctions que j'ai faites en développant le fixième principe, & en répondant à l'objection que vous y avez oppofée. Mais pour lever cette apparente contradiction, il fuffira de nous bien entendre.

Quiconque fait des chofes extraordi-

naires & frappantes, acquiert de la cé-
lébrité. Pour être grand homme, il faut
que ces chofes extraordinaires & frappantes aient le bien public pour but ou
pour objet, ou que du moins elles paroiffent ou puiffent y avoir une influence
heureufe & marquée : il faut qu'on puiffe
les attribuer à une grandeur d'ame com-
patible avec la vertu ou avec le génie :
Héroftrate eft très - célèbre, & ne peut
jamais être rangé parmi les grands
hommes. Alexandre eft un grand homme,
quoique l'on puiffe lui difputer l'avantage
d'avoir fait plus de bien que de mal au
genre humain : Céfar eft un grand
homme , quoique l'on puiffe foutenir qu'il
a fait peu de bien & beaucoup de mal :
mais Alexandre avoit dans l'ame des
qualités fupérieures à ce que l'on doit
attendre des hommes ordinaires ; & ces
qualités ne demandoient que d'autres
circonftances pour être inconteftablement
de grandes vertus ; & Céfar , outre ces

mêmes qualités, avoit un génie plein d'élévation & de clémence, qui sembloit fait pour produire encore de plus heureux effets. Aristote & Démosthène, Cicéron & Virgile sont de grands hommes par le génie ; Caton & tant d'autres sont de grands hommes, surtout par leurs vertus. Les grands hommes sont donc ceux qui par des qualités rares de l'esprit, ou par des qualités supérieures de l'ame, une élévation de sentimens ou des vertus sublimes, en un mot par des qualités qui supposent une force, une énergie, des efforts que l'on n'a pas droit d'attendre, font des choses extraordinaires & propres à devenir, selon les circonstances, d'une grande utilité aux autres hommes. Ce n'est pas la forme du gouvernement qui donne ces qualités : mais quelle est la forme de gouvernement la plus propre à les développer, à les animer, à les nourrir, à les mettre en plein exercice? En avouant que le gouvernement républicain femble devoir en général les épurer davantage, je dirai que le gouvernement monarchique a plus de moyens pour les exciter, pour les alimenter, & même au befoin pour les contenir dans de juftes bornes, fans les étouffer.

L'ambition eft louable fous un monarque; un fénat la redoute & a raifon de la redouter. Là l'imagination l'enflamme, la raifon l'autorife, le préjugé la loue, l'autorité publique la récompenfe: ici tout l'interdit, l'effraie, la punit, & l'étouffe. Là on eft plus libre de fuivre fon goût; ici on eft plus circonfpect, plus timide, plus retenu. Sans doute une ame d'une trempe rare parviendra prefque toujours à faire de grandes chofes dans une république: mais elle les feroit également fous un monarque, & même plus facilement, puifque pour parvenir dans une monarchie, il ne faut plaire qu'à un feul; & le grand homme y feroit plus heureux, puifqu'il lui fuffiroit d'éviter de donner de la jaloufie à un feul.

Mais il eft un fecond ordre d'hommes privilégiés qui fous un monarque feront autant de grands hommes, & qui fous un fénat refteront dans l'inaction, feront écartés, méconnus ou contraints : ce font ceux qui ont plus de talens que de genie, & qui doivent encore plus à la fortune qu'à leurs talens ; heureux téméraires à qui tout réuffit, & qui parcourent leur brillante carrière avec un fuccès qui étonne, mais qui peut fi facilement être utile & glorieux. Ajoutons que dans une monarchie, il y a bien plus de voies pour parvenir à la célebrité. Souvent on y a des guerres, & par conféquent des guerriers illuftres ; une république doit aimer la paix, puifque la guerre eft un état violent & périlleux pour fes loix & fa conftitution. Dans une monarchie il y a des artiftes : nous avons vu que la république fuit néceffairement & étend à tous les arts la maxime de Platon qui chaſſoit les poëtes de la ſienne. L'énumération ſeroit longue ; mais je m'arrête pour me hâter ; & je paſſe à un principe encore plus facile à prouver, & qui eſt également une ſuite néceſſaire de tout ce que nous avons dit juſqu'ici.

X. PRINCIPE.

Le gouvernement monarchique eſt le plus favorable à l'accroiſſement des fortunes particulières.

L'égalité eſt la baſe du ſyſtême républicain : donc on doit éviter d'y faire une grande fortune ; on doit le craindre, eſt-ce le moyen d'y parvenir ? La modération eſt l'eſprit de ce gouvernement : donc on ne doit pas même y ſentir le deſir d'une grande fortune, ſans une ſorte de corruption. Les mœurs y ont pour baſe la ſimplicité ; donc une grande fortune y eſt inutile ; on n'y pourroit en jouir ; on n'en auroit que l'embarras ; elle ne ferviroit tout au plus qu'à y multiplier la race des har-pagons, des avares. Il y a peu de routes d'ailleurs dans une république pour parve-nir à cette fortune dont nous parlons : il n'y en a proprement qu'une ; le commer-ce & tout ce qui tient aux arts méchani-ques. Or cette voie exifte également dans une monarchie, où l'on a de plus les beaux-arts, la guerre, le miniftere, les finances, & fur-tout l'efpoir des diftinctions, le goût des prééminences, la voie de l'ambition & l'attrait des plaifirs.

LE DUC. Mais vous transformez ici en avantages précieux les fources mêmes des plus grands maux publics.

FÉNÉLON. Votre objection, MON-SEIGNEUR, confond ce que j'ai cherché tout-à-l'heure à diftinguer, & nous ramene à la théorie qui traite des paffions, des vices où elles conduifent par leur excès ou par l'abus qu'on en fait, & de tout le bien qu'elles produifent lorfqu'on fait les modé-

rer, les diriger & les contenir. Il ne faut
pas chercher à changer la nature des choses ni celle des hommes; mais il faut savoir en profiter: les fous s'épuisent à courir après ce qui est impossible: le sage desire le bien, calcule & fait ce qu'il peut.
En politique, il faut savoir prendre les
hommes comme ils sont, lorsqu'on veut
les amener au but que l'on se propose: les
plaisirs & l'ambition sont, entre les mains
d'un administrateur habile, des instrumens
utiles à ses desseins: c'est à lui à les présenter à propos, & à les placer où il convient; mais de tous les administrateurs, le
monarque est celui qui a le plus de ressour-
ce & de facilité pour parvenir à ce double
but.

XIe PRINCIPE.

*Le gouvernement monarchique est le plus
équitable dans la distribution de la justice.*

Les loix à cet égard sont encore bien

défectueufes par-tout : mais nous favons qu'il eft plus aifé de les reformer, de les corriger, de les changer dans une monarchie, parce que ces fortes d'entreprifes font moins en oppofition avec l'efprit du gouvernement. A cet égard, l'avantage eft donc de notre côté. Ajoutons que ce ne font pas les loix qui prononcent ; ce font des hommes ; & les hommes ne prononcent pas toujours felon les loix, foit parce qu'ils les ignorent, foit parce qu'ils les violent. Des juges ignorans, des juges corrompus ; voilà ce que l'on doit craindre. Or il y a autant de moyens de s'inftruire dans une monarchie que dans une république : il y en aura même plus, s'il eft vrai que les bons établiffemens, tels que les écoles & les univerfités, y font plus faciles à créer, & par conféquent plus communs ; & que d'ailleurs il y a plus d'émulation, un defir plus vif d'acquérir de la gloire, en un mot, plus de motifs de bien enfeigner & de bien apprendre. Je craindrois donc bien plus l'ignorance dans un magiſtrat républicain, que dans le magiſtrat d'une monarchie.

Mais ce n'eſt pas l'ignorance que les citoyens doivent le plus redouter; c'eſt l'iniquité & la corruption du juge. A cet égard le républicain ſemble avoir moins à craindre que nous, puiſque ſon magiſtrat doit chercher à éviter la cenſure & le jugement de ceux-là mêmes qu'il aura jugés, & que l'amour de la vertu doit y être plus vif. Cependant, obſervons que pour être juge équitable, il n'eſt pas néceſſaire d'avoir ce qu'on appelle *de la vertu*, il ſuffit d'avoir de *l'honneur*; & l'honneur eſt au moins auſſi ſacré dans une monarchie que la vertu peut l'être dans une république. On doit même plus compter ſur celui-là que ſur celle-ci, parce qu'étant moins pénible à la nature, demandant moins de ſacrifices, étant plus analogue à notre foibleſſe & à notre amour-propre, il doit être plus réel. J'imagine que dans une ré-

publique on rencontre fouvent le mafque
de la vertu, mais que la vertu elle-même
n'y eft guere moins rare qu'ailleurs. Si
d'un côté le magiftrat doit craindre la cen-
fure du peuple ou d'un fénat; de l'autre
n'a-t-il pas à craindre celle d'un tribunal
fupérieur ou du monarque lui-même? L'in-
famie, la difgrace, la chûte, la punition
eft-elle moindre d'un côté que d'un autre?
eft-il plus difficile à un client de faire valoir
fa plainte devant un roi que devant tout
un fénat ou tout un peuple? & le juge
coupable n'a-t-il pas plus fouvent des com-
plices, des protecteurs, des parens, des
alliés, des amis dans ceux qui compofent
le fénat d'une république, que parmi ceux
qui font autour du roi? Le fénat ne juge
pas lui-même; il ne fe réferve que les affaires publiques; & pour les crimes perfon-
nels, il nomme des commiffaires, lorfqu'ils viennent jufqu'à lui : & qui font ces
commiffaires? le plus fouvent, ce font les
ennemis de l'accufé : la brigue, l'intrigue,

l'efprit de parti difpofent ainfi les chofes dans une république bien plus fouvent que dans une monarchie. Ici, la faveur a des abus ; là, l'hypocrifie en a de plus grands : les haines perfonnelles ont lieu chez les uns comme chez les autres. Donc dans une république, l'impunité eft plus grande ; la facilité d'échapper à la loi y eft égale ; & les motifs d'y fauver les coupables n'y font pas moins fréquens.

XIIᵉ. PRINCIPE.

Le gouvernement monarchique eft le plus doux & le plus humain.

Il contrarie moins nos goûts : il eft plus analogue à nos paffions : il a quelque chofe de plus riant, fi j'ofe m'exprimer ainfi, de plus naturel, de moins pénible. Mais outre cela, il adoucit & polit les mœurs par les arts, & le moyen d'y réuffir eft de plaire par les agrémens. Auffi y voit-on plus d'aménité; le peuple y est plus gai, la société y est plus liante, le caractère national y est plus accommodant.

Ajoutons que l'on parvient à fléchir un seul homme, un roi; au lieu que jamais on ne fléchit un corps nombreux, tel que le corps de l'état dans une république. Là, il y a de la clémence; ici, il n'y a que de la sévérité: si un monarque est naturellement sévère & dur, on espère que son successeur sera plus doux; & cet espoir est d'autant plus fondé, que l'intérêt du monarque lui-même est d'être tel, & que les mœurs nationales doivent lui inspirer cette douceur. Mais dans une république, l'inflexibilité dure & séche est essentielle au gouvernement, & un sénat ne peut s'en départir sans se laisser corrompre, ce qui amèneroit la ruine de l'état: un méchant homme meurt: un corps cruel est immortel. Voyez pour preuve le sénat de plus d'une république, ancienne ou moderne.

XIII. PRINCIPE.

Le gouvernement monarchique est le plus durable.

Il est le plus durable, parce qu'il est le plus doux, le plus naturel, le moins gênant, celui qui donne le moins d'envie d'y faire des révolutions, & où l'on a le moins de moyens d'y réussir. La distance entre un roi & le premier de ses sujets est infinie : le respect que la nation a pour son roi l'est également : toute la puissance est dans la main de ce seul chef. Comment pourroit-on espérer de parvenir à le détrôner ? & quand on y réussiroit, ce seroit pour remettre le vainqueur sur le trône d'où seroit descendu le vaincu. La dynastie changeroit, le gouvernement resteroit le même : pour en faire une république, il faudroit détruire l'ambition chez tous ceux qui concourroient à détrôner le monarque ; c'est-à-dire, chez tous ceux que l'ambition précipiteroit dans les plus grands crimes & dans les périls les plus affreux & les plus prochains : c'eſt une contradiction. Comment ſuppoſer l'envie de faire une choſe où l'on a ſi peu lieu d'eſpérer aucun ſuccès ? Et d'ailleurs ſur quoi ſeroit fondée cette envie ? Sous un roi, un grand eſt plus que dans une république : il agiroit donc contre ſon propre intérêt : c'eſt une autre contradiction. La ſeule exception qui puiſſe raiſonnablement ſe préſenter à l'eſprit, c'eſt le cas où un corps entier opéreroit la révolution. Il ſemble qu'alors ce corps, maître des événemens, voudroit ſubſtituer l'ariſtocratie à la monarchie : mais ce cas doit être rare ; & un corps ſemblable devroit le plus ſouvent échouer dans ſon plan, parce que le monarque auroit mille moyens de ſavoir d'avance & faire échouer de ſemblables projets, ſoit en ſemant la diviſion dans le corps même ; ſoit en éclairant les peuples ſur les effets d'une

pareille.

pareille confédération. Ainsi cette exception en elle-même ne peut mériter d'être prise en considération. L'histoire fournit des exemples de tout : mais ceux qu'elle peut opposer à la vérité de ce principe, sont donc très-rares ; & cela nous suffit.

XIVe PRINCIPE.

Le gouvernement monarchique est le plus tranquille au-dedans.

Ce principe est un corollaire du précédent. L'envie d causer des troubles dans une monarchie n'y a pas lieu. L'espoir d'y réussir ne peut pas s'y trouver sans un concours de circonstances très-rares. Le monarque a les moyens les plus sûrs pour prévenir ou pour arrêter le mal. Il a même les moyens les plus efficaces & les plus prompts ; & il peut déployer son autorité avec la plus grande liberté. Quels sont donc les événemens qui pourroient troubler le calme intérieur ? De petites discussions domes-

I

tiques ; quelques plaintes paſſageres, de légères inquiétudes, effet naturel de la trempe de certains eſprits que tout agite & tourmente ; mais ces nuages paſſagers doivent-ils être comptés parmi les tempêtes qui déſolent les campagnes ? Ils répandent au contraire la fécondité ; ils arroſent, rafraîchiſſent les productions de la terre ! Ces ſortes de conteſtations raniment les eſprits, réveillent l'émulation, & développent les talens & les vertus ! Elles ne peuvent jamais faire de grands maux, & produiſent toujours de grands biens ! Ce n'eſt pas dans ces ſortes d'événemens que l'on peut retrouver les ſymptômes des maladies d'un état ; on y verroit avec plus de raiſon les preuves d'une conſtitution ſaine & robuſte.

XVe PRINCIPE.

Le gouvernement monarchique est le plus redoutable au-dehors.

C'est celui qui peut le plutôt avoir une armée nombreuse, parce que c'est le plus riche; une armée bien disciplinée, parce que l'esprit de la discipline militaire se rapporte mieux à l'esprit du gouvernement; une armée plus facile à faire agir, parce qu'elle n'attend pour cela que l'ordre d'un seul. D'ailleurs un monarque est plus guerrier qu'un sénat; il a plus promptement pesé ses intérêts; il arrange ses plans avec plus de facilité, il garde mieux son secret, on ne peut pas le corrompre.

Je crois pouvoir conclure de tous ces principes, que le gouvernement monarchique est évidemment le meilleur. C'est le seul bon en général : aussi les républiques elles-mêmes ne font des formes de gouvernemens, que parce qu'elles se rapprochent de la monarchie ; elles ont un sénat ; ce sénat a un président, un chef ; l'armée a un général : toujours *un* : tout s'y rapporte à *l'unité*, qui est le comble de la perfection & l'essence de la beauté. *

---

* Frédéric le Grand ayant la goutte remontée, couché sur un grabat après une longue foiblesse, causoit, en Janvier 1767, avec l'auteur de cet écrit & le colonel Guichard, dit *Quintus Icilius*, les deux seules personnes qu'il eût fait appeler pour sa conversation du soir. On parla des diverses sortes de gouvernemens : alors ce grand homme oubliant ses souffrances, prit la parole, & dit :

« J'oublie pour un moment que je suis monarque ; je
» suppose même que je n'ai aucun intérêt à démêler avec
» les hommes : je me suppose d'une nature toute différente ;
» je suppose enfin que planant dans les airs, je m'occupe
» à considérer cette race de fourmis qui habite la terre,
» & que vous nommez *genre humain*... J'en étudie avec
» autant d'impartialité que d'attention le caractère & les
» passions, la force & la foiblesse, en un mot, la nature
» & les besoins. Le résultat de mes observations, c'est
» que l'homme ne peut vivre qu'en société ; que la société
» ne peut exister sans forme de gouvernement ; & que de
» toutes les formes de gouvernement, celle qui est préfé-
» rable aux autres, est la forme monarchique ; & cela
» pour deux raisons principales, auxquelles toutes les
» autres se rapportent ; savoir, que c'est le gouvernement

LE DUC. Vous avez fourni la carrière où je vous avois prié d'entrer ; mais non, vous ne l'avez pas entiérement fournie, car ce premier point nous mene naturellement à un autre que nous ne pouvons gueres négliger ; de forte qu'il fe trouve que nous avons à peine ébauché notre fujet. Comme donc je vois qu'il fe fait tard, je vous prierai de mettre enfuite toute cette converfation par écrit, & de m'en remettre ou envoyer une copie ; mais en me gardant fur-tout ceci un fecret inviolable. Je méditerai vos principes à loifir, & je pourrai vous faire également mes objections par lettres. Aujourd'hui je ne ferai que vous demander, conformément à la divifion que vous-même avez tracée...

1°. Quelle doit être, felon vous, la meilleure forme du gouvernement mo-

---

» où il y a plus d'unité dans les réfolutions, & plus de cé-
» lérité dans l'exécution. »

narchique. Je vois qu'il y a ici, comme en toutes chofes, une échelle à fuivre ; mais quel eft l'échelon fur lequel il faut s'arrêter pour avoir une véritable monarchie ?

2°. Quelles font les nations de l'europe qui ont le plus d'intérêt à choifir cette forme de gouvernement ? Vous fentez combien il eft important à un roi de bien connoître les intérêts de fes voifins. Vous n'avez point compris cette queftion parmi celles que vous m'avez promis de difcuter ; mais je vous prie de la joindre aux autres, & de m'indiquer les principes propres à fixer mes idées à cet égard.

3°. Et comme dans une monarchie bien réglée, il faut plufieurs corps publics, tels que le clergé, les magiftrats & les grands, pour être en quelque forte placés entre le fouverain & le peuple, je vous prierai de me donner des regles fûres, d'après lefquelles je fache jufqu'à quel point un roi doit, dans les occafions critiques, ménager les principaux corps de l'état.

4°. Enfin, quel est le meilleur plan à suivre pour que la puissance protectrice de la nation soit pour ainsi-dire présente partout ; que par-tout elle maintienne l'ordre, tranquillise les esprits, surveille tout le monde, prévienne les désordres, conserve les droits de chaque citoyen, & conduise doucement la nation vers le plus grand bien ? Cet article doit, si je ne me trompe, me fournir la base du code de police le plus sage, tant pour les mœurs que pour tout ce qui releve de l'industrie ; en sorte que j'y trouve les vues les plus saines & les plus avantageuses, sur le commerce, l'agriculture, les fabriques, en un mot, sur-tout ce qui intéresse le bien-être du peuple. Ce dernier article est infiniment important ; il est le couronnement des autres, qui sans lui n'auroient jamais qu'une perfection illusoire : car qu'est-ce que la perfection qui n'opé-

I 4

reroit pas le bien ? Et où peut être le bien dans une nation, si ce n'est dans le bonheur même de toute cette nation ?

FENELON. Ces quatre questions demanderoient encore des discussions plus étendues, & sur-tout la dernière, que celle qui a donné lieu à cet entretien. Je me contenterai ici des idées les plus générales sur les trois premières ; & je ne ferai, pour ainsi dire, qu'énoncer les loix & les conditions qui doivent servir de base à tout l'édifice de l'état. Mais la quatrième question, exigeant des détails très-étendus & presque effrayans, ne peut être l'objet de cet entretien ; & je vous prie de trouver bon qu'elle fournisse le sujet d'un ouvrage séparé que j'aurai ensuite l'honneur de vous remettre. Je reviens à la première, & je vais y répondre.

DEUXIEME QUESTION.

Caracteres particuliers qui diſtinguent le gouvernement monarchique de tout autre.

Tous ces caracteres ſe réduiſent à quelques loix que je vais ſucceſſivement indiquer, après néanmoins que je vous aurai communiqué une obſervation préliminaire qu'il eſt important de ne pas perdre de vue, ſi nous voulons nous entendre & ne pas nous jetter dans une foule de difficultés inutiles.

Nos idées même les plus ſimples en apparence, ne ſont ſouvent que des idées compoſées de pluſieurs autres idées, parce que les objets qui nous les fourniſſent, ſont eux-mêmes des réſultats de pluſieurs qualités réunies & formant un tout que nous appellons la nature de ces objets. Je puis conclure de ce principe que les idées les plus diſparates en apparence, ſe rapprochent ſouvent en quelque point par quelque qualité commune aux objets dont elles font les idées; & c'eft ainfi que les extrêmes fe touchent, mais cependant fans fe confondre.

Cette conclufion eft particuliérement vraie dans la recherche des chofes qui tiennent à la pratique, & qui tirent leur nature de la conduite & des actions des hommes; & telles font les idées que nous nous faifons des diverfes formes de gouvernemens, comme je vais vous le prouver.

La monarchie eft fans doute à une diftance infinie de la république & du defpotifme, & néanmoins il n'y a point de république où l'on n'apperçoive quelquefois des traits particuliers qui femblent appartenir à la monarchie ou même au defpotifme; comme auffi la monarchie la plus pure participe encore quelquefois des deux extrêmes; & comme enfin le defpotifme le plus abfolu a **pour** quelques branches ou pour quelques occafions particulières un caractere monarchique ou républicain.

Je ne vous citerai que quatre faits pour établir la vérité que je vous préfente ici.

1°. Au fein de la démocratie helvétique, l'homme revêtu du pouvoir public, le plus fimple bailli eft defpote dans fon village, en mille circonftances diverfes : il eft vrai qu'il pourra être attaqué, pourfuivi & puni à la première affemblée générale du canton ; mais combien n'aura-t-il pas de moyens d'échapper à la juftice ? combien même de victimes croiront devoir fe taire ?

2°. Dans la monarchie douce, mais abfolue de la France, n'avons-nous pas d'un côté des affemblées nationales qui retracent une forme républicaine, des corps publics qui annoncent l'ariftocratie, & des lettres de cachet qui rappellent le defpotifme ?

3°. En Angleterre, monarchie fi mixte

& si compli[...] [...] plus [...] que
monarchique, n'[...] pas les traits
de despotisme les plus [...], *par
exemple*, dans ce qu'ils appellent *la presse*
ou la levée des matelots : Rien n'est plus
arbitraire & plus contraire aux droits les
plus sacrés du citoyen, que la manière
dont on enrôle de force dans les tems
de presse ! Rien de plus arbitraire & de
plus odieux que la condescendance même
que l'on a alors de relâcher quelquefois
ceux qui ont des protections, tandis que
l'on retient cruellement ceux qui ont le
plus d'anthipathie pour le service de mer,
ou qui sont les plus nécessaires à leur
famille ! Vous compterez mille personnes
en Angleterre, à qui *la presse* ôte la liberté,
pour une à qui les lettres de cachet l'ont
fait perdre en France !

4°. En Turquie, sous le despotisme
le plus absolu, il est des loix que le
sultan lui-même n'oseroit enfreindre ;
il en est même beaucoup, soit par rap-

port à l'autorité du souverain , soit par rapport à la forme du gouvernement , soit par rapport à la religion , soit même par rapport à des objets d'usage & de mœurs.

Conclurez-vous de ces faits & de tant d'autres pareils qui sont inévitables, que les gouvernemens se confondent & qu'ils n'ont pas de caracteres déterminés ? Non certainement. Mais vous concluerez que ce n'est pas par quelques traits particuliers, isolés, rares, mais souvent nécessaires ou convenables, qu'il faut caractériser un gouvernement. Pour juger si une chose a telle ou telle nature, il ne faut pas s'arrêter à une ou deux qualités qui n'auront que peu d'importance ; il faut s'attacher aux qualités les plus nombreuses, le plus saillantes , les plus durables ; & c'est dans la réunion de ces qualités que vous appercevrez la véritable nature de l'objet.

Ainsi en recherchant les loix essentielles à la monarchie, celles qui la féparent abfolument de la forme Républicaine , ou de la forme defpotique, ne nous attendons pas à pouvoir ifoler la monarchie au point que jamais on n'y retrouve aucun trait des formes voifines ou même oppofées ; & quand nous aurons faifi & bien fixé les grands traits qui peuvent le mieux caractérifer l'objet qui nous occupe, ne nous effrayons pas de quelques nuances rares, de quelques ombres légères que nous appercevrons fur quelques points du tableau. Le fage s'attache à la maffe, il embraffe l'arbre même ; les imprudens , les fous s'accrochent aux plus petites branches.

J'ai cru devoir vous arrêter un moment fur ces vérités effentielles , avant de paffer aux loix que je vous ai promifes ; parce que je fais combien on peut oppofer de petites chofes aux grands objets que nous allons parcourir, & qu'il faut prévenir les difficultés inutiles ou peu dignes d'attention.

Iere. L o i.

Que le trône soit héréditaire.

Cette loi est la plus essentielle de toutes ;
parce qu'en général les peuples ne res-
pectent pas assez un roi qu'ils ont fait ;
parce qu'un roi élu n'ose pas entreprendre tout ce qu'il faudroit faire pour le bien
de l'état ; parce qu'il n'y est pas assez intéressé pour s'en donner la peine, & courir les risques auxquels ce zèle expose
souvent ; parce que chaque nouvelle
élection ramene de nouveaux troubles, &
produit toujours quelque altération dans
les loix ; parce qu'enfin il ne peut point
y avoir de systême suivi dans un gouvernement soumis à des diétes orageuses
& à des rois électifs ; les rois n'ayant à
la chose publique qu'un intérêt passager
& personnel, & les diétes étant toujours
troublées par toutes sortes de passions
étrangères ou contraires au bien de l'état.

Chaque nouveau roi élu a des devoirs à remplir autres que ceux de la royauté, peut-être antérieurs, du moins à ſes yeux: engagé par la reconnoiſſance & ſes promeſſes envers ceux qui l'ont fait roi; il doit à ſon honneur & à ſa tranquillité de s'acquitter, & il ne le peut qu'aux dépens de l'état: il eſt donc eſclave & non roi, outre qu'il a toujours les préjugés d'une éducation qui n'a pas été dirigée vers le rang où il eſt élevé, & les intérêts d'une famille à laquelle le trône n'appartient pas. Devant tout ce qu'il eſt à ſes électeurs, ennemi redouté de ceux dont il n'a pas eu le ſuffrage, il n'eſt jamais aſſez reſpecté s'il eſt tiré du ſein de la nation; il ruine l'état s'il eſt étranger.

Vous concevez que je cherche à retracer ici ce qui doit arriver le plus ſouvent, & je ne prétends pas nier les exceptions. Les diétes ou aſſemblées nationales, inſtruites de tous ces inconvéniens par l'expérience du paſſé, cherchent

chent à les prévenir ou à y remédier par de nouvelles loix ; outre que chacune à ſes principes particuliers & nouveaux, ſelon les intérêts du parti dominant, & plus encore ſelon les vues des puiſſances voiſines qui peuvent facilement y avoir une grande influence ; de ſorte que peu à peu le roi elu finit par n'être plus qu'un chef enchaîné & impuiſſant : il ne gouverne plus, il obéit. Le gouvernement n'eſt plus monarchique, il ſe trouve dénaturé ſans avoir produit le bien : falloit-il choiſir cette forme pour n'en éprouver que les inconveniens ?

I Iᵉ. L o i.

Que le roi ſoit ſeul légiſlateur.

Sans cela, il arrivera néceſſairement que les légiſlateurs ou colégiſlateurs ſeront en contrariété avec le roi, ou ſe laiſſeront gagner par le roi : dans le premier cas, ils prononceront des loix propres à lier les mains au roi ; & la royauté ne ſera plus qu'une charge pour l'etat. Il vaudroit

K

mieux n'avoir point de roi. Dans le second cas, le souverain employera toute son induſtrie, ſon attention, ſes talens, ſes reſſources, ſon tems, à ménager, à ſéduire les légiſlateurs : ce point ſera le point capital : le bien de l'état ne ſera plus à ſes yeux qu'un objet ſecondaire & en ſous-ordre : tout ſe fera ſelon des vues purement perſonnelles. L'eſprit de parti ſera l'unique mobile dans les affaires publiques : tantôt une oppoſition opiniâtre & déraiſonnable rendra inutiles les intentions les plus ſalutaires du ſouverain : tantôt une corruption mercénaire livrera le code de la nation à ſes caprices : pourra-t-on jamais avoir de bonnes loix ? Vous me direz, peut-être, que je ſuppoſe les hommes publics bien méchans ? Il faut toujours les ſuppoſer ſujets aux paſſions, parce que leur nature eſt telle : cette ſuppoſition eſt très juſte, pourvu qu'on la faſſe également en conſidérant dans le détail & l'exécution, le ſyſtême que l'on admet, & le syftême que l'on combat ; mais ceux qui déclament contre les rois, ont ordinairement le tort de ne voir dans les princes que des paffions, & de ne fup-pofer que des vertus dans ceux qui leu r font oppofés. C'eft un piège contre lequel on ne peut être trop en garde ; d'autant plus que s'il eft quelqu'un qui doive moins chercher à s'écarter du bien géné-ral, c'eft un fouverain qui n'a rien à crain-dre pour fon autorité.

LE DUC. Je veux bien que le trône foit héréditaire, quoique je fache à com-bien d'inconvéniens cette loi peut être fujette ; car je penfe qu'il y a encore plus de rifques à déclarer la couronne elective : en fuppofant même que les défavantages foient à-peu-près les mêmes de part & d'autre, je conçois qu'il eft prefque sûr qu'ils reviendront à chaque élection, au lieu que parmi les diverfes générations d'une même dynaftie, il y en a toujours plufieurs qui fe diftinguent par des vertus précieufes. Il me femble que l'hiftoire nous préfente quelques exemples de nations fort bien gouvernées , & fort heureufes fous des Rois élus, dans les premiers tems de leur gouvernement; mais je ne me rappelle pas d'en avoir connu qui ait joui de ce bonheur, dès qu'une fois la corruption a commencé à remplacer les vertus primitives : en ce cas , c'eft donc fans retour que le bien public eft facrifié ; & l'on ne peut pas en dire autant des états foumis à des Souverains élevés au trône par le droit de naiffance. Votre feconde loi me laifferoit plus de doute que la première, en ce qu'il eft facile d'accumuler plufieurs preuves de la poffibilité , & même de l'avantage qu'il y auroit à partager ou divifer la puiffance légiflative & la puiffance exécutrice.

FÉNÉLON. Nous traiterons de la puiffance exécutrice après. Pour la puiffance légiflative , comme elle eft une, je ne vois que de la mal-adreffe à vouloir la divifer ou la partager. Ainfi je regarde ma feconde loi comme auffi néceffaire que la première ; & je paffe à la troifième.

IIIe. L o i.

Que le Roi feul foit le protecteur des loix.

S'il n'a pas le droit de les faire obferver, que lui fert celui de les impofer au peuple ? Elles feront nulles, ou du moins tous les inconvéniens dont nous venons de parler auront également lieu. On a un fyftême de balance en Europe qui a faifi toutes les têtes politiques. Cette prétendue balance eft une chimere ; il faut qu'elle penche d'un côté ou de l'autre, à chaque événement public, puifque chaque nouvel événement public eft néceffairement plus avantageux à un parti qu'à l'autre, & dès que la balance penche, elle devient inutile, puifqu'il n'y a plus d'équilibre. Mais ce fyftême eft encore plus déraifonnable, quand on veut l'appliquer aux loix

K 3

fondamentales de l'état, & que l'on veut, à force de contre-poids, empêcher l'abus du pouvoir remis au souverain. On partage l'autorité, & on l'anéantit. Le vrai moyen, le seul même de prévenir ces abus que l'on craint, c'est de ne laisser au souverain aucune crainte pour son autorité, de ne lui laisser d'autre intérêt que l'intérêt de l'état ; que son bien particulier soit toujours dans le bien général, & qu'il en soit bien convaincu.

Le Duc. Votre troisième loi est évidemment nécessaire, si l'on suppose la seconde : car ce seroit une dérision que de donner à l'un le droit de porter des loix qu'un autre pourroit seul protéger ; bientôt le législateur ne le seroit plus que de nom.

Fénélon. Ainsi vous convenez que la distinction que vous m'avez opposée tout-à-l'heure entre la puissance législative & la puissance exécutrice, est peu fondée, non que je prétende que le législateur doive exécuter lui-même sa propre loi : car ce seroit un autre moyen d'anéantir la loi, & de n'en faire qu'un être peu stable ou même chimérique ; mais parce que la véritable puissance exécutrice est celle qui ordonne d'exécuter, & qui punit ou fait punir ceux qui n'exécutent pas. Cette dernière puissance me paroît évidemment inséparable du droit d'imposer des loix.

IVe L o i.

Que le roi seul ait la direction des affaires étrangères, & par conséquent le droit de faire la paix & la guerre.

Les quinze principes que j'ai établis dans la première partie de cet entretien, renferment les raisons qui rendent cette loi nécessaire. Le militaire est mal discipliné s'il n'est soumis à un ordre purement monarchique. Un plan de campagne ou de guerre est mal combiné, & encore plus mal exécuté, quand à chaque pas il faut le concours de plusieurs volontés indépendantes l'une de l'autre. Les ennemis, à force de présens & de promesses, parviennent à gagner l'une ou l'autre des personnes chargées de veiller sur ces objets. Le secret est vendu, souvent il se répand de lui-même : ce sont là des inconvéniens inappréciables, dont l'état est toujours victime. Toute nation, dans le gouvernement de laquelle cette branche est comme coupée pour être remise en plusieurs mains, se verra toujours en proie aux discordes intestines, & aux entreprises du dehors ; & sa chûte ne sera différée qu'autant que les voisins le voudront bien, ou qu'il seront eux-mêmes retenus par des considérations qui leur seront particulières. L'Angleterre, si jalouse d'ailleurs de ce qu'on appelle sa liberté, a néanmoins senti la nécessité de cette quatriéme loi, & l'a insérée dans son code national.

Vᵉ. L o i.

Que le Roi ait seul le droit de disposer
du trésor public.

Toutes les vérités s'enchaînent : si vous
en rejettez une, il les faut rejetter toutes,
ou bien se precipiter dans les inconsé-
quences, ce que l'on ne fait jamais impunément. Ne seroit-ce pas une conceſſion
illusoire & enfantine que celle par laquelle
le souverain auroit les droits dont nous
venons de parler, si d'ailleurs cette cinquième loi n'étoit pas admise ? Pourroit-il
à propos, & selon les circonſtances les
plus avantageuses, faire la guerre, si on
lui en refusoit les moyens ? pourroit-il se
compromettre au point de la déclarer, si
ensuite on pouvoit lui lier les mains ? pourroit-il calculer jusqu'à quel point la guerre
peut-être convenable ou la paix néceſſaire,
s'il ne sait où en eſt la vraie puiſſance de
l'état ? Pourroit-il ordonner des levées de
troupes pour la sûreté du corps-national,

s'il n'avoit de quoi les nourrir ? L'argent eft, dit-on, le nerf de l'état : qu'eft-ce qu'un corps fans nerfs ? Et celui dont les forces feroient ou éteintes par les obftructions, ou tournées contre lui-même par un défordre violent, ne feroit-il pas dans une pofition pire que la foibleffe ? or ces malheurs ne font-ils pas inévitables, fi le fouverain ne difpofe pas du tréfor public ? Ce tréfor fera enfoui, ou il fervira à perdre le fouverain lui-même.

LE DUC. A quels inconvéniens cette loi n'eft-elle pas fujette ? Le roi pourra diffiper toutes les reffources de la nation, multiplier les charges fans befoin, & ruiner tous fes fujets.

FÉNÉLON. La manière de raifonner la plus propre à nous égarer, c'eft de nous borner à calculer les inconvéniens des chofes fans en examiner les avantages & la néceffité, foit abfolue, foit relative. Ce n'eft point par ces méthodes partielles que l'on trouve la vérité. Comme il n'y a rien dont on ne puisse abuser, il n'y auroit donc bientôt plus rien que l'on dût admettre. Tout ce qui est ouvrage de l'homme est imparfait : les fruits de notre sagesse portent mille marques de la foiblesse de notre esprit & de notre impuissance. La raison consiste donc, non à calculer seulement les inconvéniens d'une chose , mais aussi à en considérer les avantages & la nécessité , & sur-tout à comparer quant aux uns & aux autres , cette même chose avec toutes celles qu'on peut lui opposer. En suivant cette marche , vous verrez que ma cinquième loi est nécessaire, sur-tout en la combinant avec la sixième.

VIe. Loi.

Que le revenu de l'état soit une portion déterminée du produit de tout le royaume.

Je suppose une portion déterminée qui soit juste, c'est-à-dire, appréciée d'après les convenances ; mais quelles sont ces convenances qui doivent déterminer la fixation dont il s'agit ? C'eſt 1°. l'idée de la richeſſe de l'état ; car il ſeroit affreux de demander au peuple plus qu'il ne pourroit donner , & impoſſible d'en obtenir ce qu'il n'auroit pas : il ſeroit même affreux de lui demander , dans le cours ordinaire des choſes , tout ce qu'il pourroit donner , parce que l'objet du gouvernement dans la levée des impôts eſt de pouvoir protéger , & que l'on ne protegeroit plus ſi on dépouilloit. C'eſt 2°. l'idée des beſoins de l'état ; car ce ſeroit trop payer que de ne pas payer ce qui ſeroit néceſſaire pour établir une protection réelle & effective. C'eſt 3°. l'idée de ce qu'exige le reſpect que la nation ſe doit à elle-même dans la perſonne de ſon ſouverain ; compter ſcrupuleuſement avec le ſouverain , ce ſeroit lui faire une injure honteuſe & dommageable pour la nation , puiſqu'il eſt vrai qu'il ne peut dépenſer que pour elle , que l'éclat du trône eſt honorable & utile pour elle --même.

C'eſt 4°. l'idée de ce que l'on doit comme récompenſe aux ſervices rendus, ou comme avances au bien que l'on peut faire, ou comme encouragement aux talens, à l'émulation, & à l'induſtrie, ou enfin comme ſecours aux malheurs non mérités. De ces diverſes convenances bien ſenties doit naître la fixation dont je parle : tous les citoyens doivent convenir qui ſi la terre doit à ſon propriétaire tout ce qu'il eſt poſſible qu'elle lui donne, il eſt également évident qu'elle doit au cultivateur tout ce qui eſt néceſſaire pour qu'il la cultive avec fruit, & au protecteur tout ce qu'il faut pour le mettre en état de protéger efficacement le propriétaire & le cultivateur. Voilà donc trois créanciers envers leſquels il eſt d'une égale juſtice, & d'une égale néceſſité que la terre s'acquitte : dire que l'on enleve à l'un ce que l'on donne à l'autre, c'eſt méconnoître les premiers principes de la juſtice, à moins que l'on ne donne à l'un la part ou portion de la part qui devoit revenir à l'un des deux autres. Ainsi vouloir refuser au protecteur la part qui lui est due est une aussi grande injustice, une aussi grande absurdité, que si l'on refusoit au cultivateur les moyens de renouveller, continuer, ou maintenir la culture qui seule assure la récolte. L'idée d'impôts levés au nom du Souverain ne peut donc être réputée odieuse, qu'autant que l'on suppose que ces impôts passent les limites établies par les convenances dont nous avons parlé. Mais, 1°. quel ordre doit - on suivre dans la distribution des produits d'un état, entre les trois puissances qui ont à se partager les dépouilles de la terre, comme on se partage celles d'un ennemi vaincu ? 2°. A qui appartient le droit de faire les parts, & de dire à chacune de ces trois puissances, au propriétaire, au cultivateur & au souverain, *voilà la vôtre?* 3°. Comment subvenir au besoin de l'un des co-partageans, lorsque sa part ne suffit pas pour remplir l'objet à raison duquel il a droit d'en avoir une ?

4°. Le principe qui doit servir de base ici, c'est que de ces trois puissances co-partageantes, la classe des propriétaires est toujours supposée être la première en date : eux, ou leurs auteurs, ont été les premiers à donner, par leurs travaux & leurs soins, quelque valeur à la terre ; & ils n'ont pu en faire les frais & s'en donner la peine que pour eux - mêmes. Sans ce premier travail qui a rendu la terre fertile ou cultivable, il n'y auroit point de nation, ni par conséquent de corps de société. Ainsi il est d'une justice rigoureusement stricte, qu'en partageant les fruits de la terre, la portion du propriétaire soit la plus grande qu'il se pourra ; les autres ne sont que pour lui, & par conséquent ne viennent qu'après lui. Voilà des vérités qu'on ne peut ébranler dans la théorie.

Mais la pratique ne nous en conduit pas moins à des conséquences toutes contraires ; car si la culture & la protection ne font pas fuffifantes, le propriétaire n'aura lui-même rien à recueillir : il faut donc qu'il leur cede la portion néceffaire pour lui en affurer une à lui-même. Il faut qu'il abandonne au cultivateur tout ce que requiert la culture ; il faut qu'il abandonne au protecteur tout ce qu'exige la protection, d'où il fuit que ce même propriétaire qui d'abord paroiffoit devoir avoir plus que les autres, aura fouvent la plus petite part , & que même les circonf- tances & les événemens peuvent acci- dentellement le réduire à n'avoir rien ; je dirai plus : il peut arriver des tems mal- heureux où le propriétaire foit réduit à racheter en quelque forte fa propriété , c'eft-à-dire, à y renoncer, à en abandon- ner le titre & le droit , ou à ajouter à la fomme des produits de nouvelles fommes, pour s'acquitter envers le cultivateur & le protecteur. En un mot, dans la théorie, il femble que l'ordre demandé par la loi foit que l'on place d'abord le propriétaire,

enfuite

enfuite le cultivateur, & enfin le protecteur; au lieu que dans la pratique, la raifon exige que le protecteur foit le premier fecouru, enfuite le cultivateur, & toujours le propriétaire le dernier.

Ces deux manières de confidérer les droits & les befoins de chacun des co-partageans, ne peuvent donc laiffer de doute fur la règle générale à établir que dans les efprits peu attentifs. On pourra toujours dire au propriétaire.... Sans cultivateur, votre propriété feroit ftérile, & équivalente à une propriété nulle : (on fuppofe ici que vous ne cultivez pas vous-même; car fi vous êtes vous-même votre cultivateur, il eft bien clair qu'à ce titre vous acquérez tous les droits attachés à la culture.) Sans protecteur, votre propriété feroit caduque & fictive plutôt que réelle ; votre cultivateur, vos fruits, vos travaux, tout feroit détruit ou enlevé : c'eft donc à vous à mettre votre protecteur en état de vous protéger efficacement, & votre cultivateur en état de vous fervir utilement. Ces charges font la condition effentielle de votre propriété même; ce font vos devoirs dans l'ordre de la fociété, & dans tous les cas, vous êtes tenu de les remplir avant tout. Vous devez en un mot au protecteur ce qu'il faut pour qu'il puiffe fuffifamment protéger; vous devez au cultivateur ce qu'il faut pour qu'il puiffe établir une culture fuffifante. Votre part ne peut donc être que ce qui reftera de vos fruits après que vous aurez acquitté ces charges. Voilà la réponfe à la première queftion, l'ordre que l'on doit fuivre dans la diftribution des fruits de la terre entre les co-partageans.

2°. Mais à qui appartient le droit de faire les parts, de dire à chacun des co-partageans, *voilà la vôtre?*

Les principes généraux que nous venons d'établir, répondent déjà à cette queftion, pour ce qui concerne le propriétaire; la part de ce dernier, qui de droit eft toujours la plus forte poffible, & qui de fait eft fouvent la plus foible des trois, eft fixée à ce qui lui refte lorf- qu'il a payé le cultivateur & le protec- teur.

La part du cultivateur ne peut guere plus nous embarraffer ; elle fe regle par conventions libres entre les deux inté- reffés, c'eft-à-dire, entre le cultivateur & le propriétaire : le fouverain ne fe mêle de ces conventions que pour veiller à ce qu'elles ne renferment que des claufes hon- nêtes & légitimes, & à ce que les claufes convenues & légales foient exécutées.

Il refte donc à ftatuer fur la part qui doit revenir au fouverain ; fur quoi il faut obferver 1°. que cette part peut varier d'un temps à l'autre par l'influence de mille caufes différentes; 2°. que le pro- priétaire n'eft prefque jamais à portée de connoître les vrais befoins du fouverain ; 3°. qu'il eft de l'intérêt public & national que la part du fouverain ne foit point

rigidement calculée fur les befoins actuels;
4°. que le fouverain cefferoit d'être fouverain & de pouvoir être protecteur, fi
les propriétaires étoient les maîtres de lui
affigner ou refufer à leur gré la part qu'ils
auroient à lui donner.

D'un autre côté, fi le fouverain pouvoit à volonté prendre plus qu'il ne lui
faut ; fi en un mot fa part n'étoit pas déterminée & fixée, on pourroit craindre
qu'il ne prît toujours trop ; cette crainte
pourroit jetter l'allarme dans les efprits,
& répandre la méfiance dans la fociété :
le fouverain, moins aimé alors, feroit
moins bien obéi, & il eft aifé de voir
à quelles funeftes conféquences ces triftes
difpofitions pourroient conduire.

Il femble d'abord que d'après toutes
ces confidérations, la fomme déterminée
des impôts dût être fixée par un accord
libre entre le propriétaire & le fouverain,
comme la part du cultivateur eft fixée
par un accord libre entre le cultivateur

& le propriétaire ; mais pour cela il faudroit une convocation des états-généraux, & ces convocations font très-coûteufes à la nation ; elles caufent beaucoup d'embarras, & fufpendent une infinité d'autres affaires, toujours au détriment des citoyens ; elles produifent rarement le bien que l'on s'en promet, parce que l'ignorance des uns, les préjugés des autres, les paffions particulieres, l'ambition, l'intérêt perfonnel y viennent croifer les bonnes intentions, y font naître les difputes, y fement la calomnie, la méfiance & la haine ; de forte que nous voyons par l'hiftoire des affemblées femblables qui ont été convoquées jufqu'ici, en France fur-tout, que prefque jamais elles n'ont pu délibérer utilement fur l'objet des finances : enfin, il n'eft pas à-propos que le fouverain foumette trop à la difcuffion des citoyens, & à la curiofité du public, les befoins de fon adminiftration, & les reffources qui lui manquent ; fon autorité pourroit trop facilement y être compromise, & la sûreté publique même pourroit y perdre infiniment.

Je ne dis pas que jamais le souverain ne devroit employer ce moyen : il est des circonstances où il seroit sage de le faire : tout dépend d'un calcul qui ne peut être donné que par des observateurs aussi prudens que bien instruits. Mais il me paroît qu'en général, pour fixer cette somme d'impôts nécessaires au souverain, d'une manière qui expose à moins d'inconvéniens, le mieux seroit que le souverain lui-même voulût bien, par amour pour ses peuples, & par un mouvement de confiance en leur affection, déclarer à ses peuples les besoins de l'état, en développer assez les articles pour qu'il ne restât aucun doute sur leur réalité ; présenter à la suite de ce tableau de dépenses réelles ou nécessaires, un tableau également clair & vrai des impôts, établis ou projettés, & donner ainsi de lui-même, & librement cette fixation qui me paroît néceſſaire pour le maintien de la confiance entre le monarque & ſes ſujets, entre le pere & ſes enfans. La part du ſouverain ſeroit déterminée, & la fixation en ſeroit en même-tems juſtifiée, ſans aucun des riſques auxquels les autres moyens peuvent donner lieu. Le ſouverain qui s'aſtreindroit volontairement à cette marche, y aſtreindroit par ſon exemple tous ſes ſucceſſeurs, qui trouveroient dans leur propre intérêt les plus puiſſans motifs de ne jamais plus s'écarter d'une ſorte de reddition de comptes à laquelle la nation ſe ſeroit accoutumée, que la raiſon & l'expérience juſtifieroient.

3°. Enfin, comment ſubvenir au beſoin de l'un des co-partageans, lorſque ſa part ne ſuffit pas pour remplir l'objet à raiſon duquel il a droit d'en avoir une? Le ſecours mutuel dont il s'agit ici ne peut être l'objet d'une diſcuſſion longue ou difficile. Si le gouvernement éprouve des befoins extraordinaires auxquels fa part dans les produits ne puiffe fuffire, c'eft fans difficulté la à claffe des propriétaires à y fubvenir ; comme fi d'un autre côté les propriétaires, par la fuite des intempéries des faifons, ou par d'autres accidents, ne pouvoient acquitter leurs charges ou conferver ce qui eft néceffaire pour leur fubfiftance ; ce feroit au fouverain lui-même à venir à leur fecours par les moyens que fa puiffance & fa fageffe pourroient lui fuggérer. L'idée de *fociété* établit ces devoirs réciproques, & la fidélité à remplir ces devoirs donne des droits facrés à la confiance : mais dans quel pays cette confiance a-t-elle jamais été plus réelle, plus légitime, plus confolante, plus honorable même que dans ce beau royaume qui vous eft deftiné ? Il peut y avoir en France, autant & plus qu'ailleurs des époques d'effervercence & d'agitations ; j'en conviendrai fans peine : Cependant je foutiendrai que chez nous ces époques font de plus courte durée qu'ailleurs ; qu'elles laiffent après elles de moins triftes effets , & qu'enfin elles prennent bien moins fur les fenti-mens inviolables qui lient les peuples à leurs rois. Nous favons que nos princes ont toujours été bons ; nous favons même que notre attachement pour eux leur a toujours été cher & précieux ; & voilà , j'ofe le dire, une des caufes qui rendront cet attachement même inviolable dans les fiécles à venir, comme il l'a été dans les fiécles paffés : c'eft par-là que nous nous glorifions de l'attachement de nos princes pour nous, comme de notre at-tachement pour eux : c'eft par-là, en un mot, que nous formons dans notre mo-narchie une fociété d'autant plus parfaite , que les loix qui en font le lien, font ratifiées & confacrées par les fentimens les plus purs.

Dans cette fociété , nous favons tous qu'il eft jufte que chacun de nous contribue à ce qui eſt néceſſaire au ſouverain pour ſubvenir aux frais qu'exigent la manutention de l'ordre public, la police intérieure, la défenſe de l'état au-dehors, l'encouragement des arts & de l'induſtrie, & les événemens malheureux qui n'ont pas été prévus : nous ſavons que ſi le ſouverain outre-paſſoit dans un certain excès la ſomme néceſſaire pour ces divers objets, ce ne ſeroit jamais qu'en détruiſant d'avance les récoltes à venir, & qu'en ôtant le pain à ſes ſujets : nous ſavons que nos rois nous aiment trop pour cela, & qu'ils préferent notre affection aux grandes choſes que l'amour de la gloire pourroit leur faire deſirer.

Pour renfermer en peu de mots tout ce qui concerne cette loi, diſons donc : La ſociété ſe ſoutient par la fertilité des terres, par le maintien des droits de chaque citoyen, par les ſoins & par la garde de l'autorité ſouveraine & tutrice. La terre, les citoyens, le roi, ſont, pour ainſi dire, trois puiſſances réunies, qui font réellement la baſe de toute ſociété : c'eſt de l'harmonie & du concours de ces trois puiſſances que naiſſent la force & le bonheur de l'état. Il faut les maintenir, & ſi j'oſe le dire, les alimenter toutes les trois : n'eſt-il donc pas de l'équité de partager entr'elles les fruits de la récolte ? Il ne faut pas craindre que la portion du ſouverain ſoit trop grande, pourvu que d'ailleurs elle n'étrangle pas celle des deux autres puiſſances ; car jamais le ſouverain ne manquera d'avoir à faire mille dépenſes, toujours plus avantageuſes au public : & ce *trop* que l'on craindroit de lui donner, tourneroit par un bon emploi au profit même des cultivateurs & des propriétaires. Je ne parle point ici de la manière de percevoir les impôts publics : il faut prendre la plus ſûre, la moins diſpendieuſe, la plus équitable, & pour tout cela la plus ſimple.

Vous voyez, Monſeigneur, qu'il n'y a aucune objection plauſible à faire contre cette loi. Elle ne fixe point la part du souverain , parce que cette fixation suppose des calculs que je n'ai pas faits : mais elle exige qu'il y ait une fixation déterminée & fondée sur la raison. Que l'on ne m'objecte pas que la fixation sera trop forte , si elle donne plus que le roi n'aura besoin d'avoir en tems de paix , & qu'ensuite elle sera trop foible si elle donne moins qu'il ne devra dépenser en tems de guerre : car jamais un roi ne peut être trop riche , à moins qu'il ne prive ses sujets de leurs besoins & de leurs droits, puisqu'il n'est riche que pour eux ; comme d'un autre côté , il saura s'arranger de manière à se préparer aux tems difficiles, ou de manière à réparer les maux que ces tems auront produits , lorsqu'il sera bien assuré que la raison , la loi & la nature elle-même ont fixé la part qu'il a dans le revenu de la nation ; & que par conséquent il ne pourroit chercher à l'augmenter sans se ruiner lui-même, en rui-

nant ses sujets. Croyez que si l'on a vu jusqu'ici tant d'instabilité sur cette matière,
c'est parce qu'on n'a pas cru qu'il pût
y avoir une règle naturelle, fixe, nécessaire & évidente. Au reste, je n'ai pas
prétendu en établissant mes seconde, troisième, quatrième & cinquième loix, que
le roi devoit seul & sans consulter personne, déterminer & créer les loix, les
maintenir ou les abroger, résoudre la paix
& la guerre, & disposer dès fonds publics selon sa volonté momentanée. Il
résulteroit de ce plan une sorte de gouvernement quelquefois aveugle & très-per-
nicieux à l'état : la véritable monarchie
admet des conseils, souvent même les
requiert, selon les circonstances & les
besoins; je suis loin d'oublier cette vérité ou de la combattre. La suite vous
prouvera que je regarde les corps publics
comme très-importans dans la monarchie,
que même je les y regarde comme essentiels ; mais il ne s'agit ici que de la pleine

puiſſance conſidérée en elle - même , du titre vrai , fondamental & ſacré de cette puiſſance , & non des précautions ſages que la prudence preſcrit dans l'exercice de cette même puiſſance , & dans les détails infinis qu'elle embraſſe.

VII.e L o i.

Que le roi ſeul nomme à tous les offices publics.

Toutes ces loix tiennent à des principes communs ; mais outre cela, combien n'y a-t-il pas de circonſtances urgentes où il faut nommer ſur le champ à une place vacante ? Et un corps eſt-il jamais auſſi expéditif qu'un roi ? Qui peut mieux connoître & diſtinguer les hommes de talens qu'un ſouverain qui étant au centre, eſt mieux placé pour cela que tout autre ? Qui pourroit être auſſi intéreſſé à bien choiſir qu'un ſouverain qui ne trouve ſon bien perſonnel que dans le bien gé-

néral de l'état, ſes malheurs perſonnels
que dans les malheurs de l'état ? comment
ſera-t-il aſſûré d'être obéi , s'il ne peut
s'attacher ceux à qui ſes ordres ſont remis ? Comment peut-il ſe concilier l'affection de ſes ſujets, s'il n'a rien à donner
à perſonne ? Pourra-t-il prévenir les factions , les partis toujours ſi funeſtes , s'il
n'eſt pas la ſource des graces , des dignités , des conceſſions de charges publiques,
je veux dire, de celles qui appartiennent
à tous les départemens, ſoit dans la judicature , ſoit dans la police , ſoit dans
les finances , ſoit dans la guerre , ſoit
même dans l'égliſe , ſuppoſé qu'il y ait
quelque autorité purement civile jointe au
caractere ſpirituel. Tous ceux qui occupent ces places civiles, exercent l'autorité
du roi ; ils parlent en ſon nom ; ils lui
doivent être ſubordonnés; c'eſt à lui qu'ils
ſont comptables en dernier reſſort ; lui
ſeul eſt leur garant auprès de la nation :
ne faut-il pas qu'ils dépendent tous de

son choix ? Et fans cette condition, comment concilier tout le refte ?

Le Duc. Mais vous établiffez un defpotifme pur & abfolu, au lieu d'un gouvernement monarchique.

Fenélon. Toutes ces loix font néceffaires : mais elle ne font pas les feules néceffaires : en voici d'autres qui acheveront de donner la forme monarchique au gouvernement, & qui empêcheront qu'on ne puiffe le confondre avec le defpotifme. Au refte, les loix que nous allons voir, font les feuls contre-poids que les précédentes me paroiffent pouvoir admettre : ce font les droits du peuple ; les premières font les droits du fouverain. Ces droits du peuple font comme autant de conditions appofées à la fanction des premières loix, autant de traits propres à caractérifer la monarchie.

Je dois néanmoins, avant d'y venir, vous obferver que vous avez paru dans votre objection même confondre la

monarchie

monarchie abfolue avec le defpotifme :
or, la différence entre l'un & l'autre eft
infinie. Le monarque abfolu fait feul la
loi ; & voilà ce qui vous a induit en
erreur, parce que vous avez penfé que
toute volonté du monarque pourroit devenir loi, & qu'ainfi le mot *loi* & le
mot *volonté du monarque* feroient fyno-
nymes. Cependant il eft vrai que chez
le monarque le plus abfolu, la volonté
ne devient loi qu'autant qu'elle eft revêtue des formalités requifes pour lui donner ce caractère ; au lieu que chez le
defpote, il n'y a ni formalité, ni caractère à établir pour que la volonté du defpote foit la loi fouveraine. Voyez, je vous
prie, les conféquences de cette différence
fi remarquable ! 1°. chez le monarque la
loi eft toujours publiquement manifeftée
comme telle, & généralement connue ;
au lieu que chez le defpote, la loi eft,
fi l'on veut, fecrette, cachée, inconnue,
infidicufe & traitreffe ; 2°. la loi chez le

M

monarque eſt toujours auſſi générale que ſon objet le comporte ; au lieu que chez le deſpote elle eſt auſſi ſouvent particulière, individuelle & privée que le ſouverain le veut : 3°. chez le monarque elle ne peut jamais avoir d'effet rétroactif ; au lieu que chez le deſpote elle a tous les effets que l'on veut : 4°. chez le monarque la loi a un caractère de ſtabilité & de permanence inconteſtable, puiſque pour l'annuller il faut qu'elle ſoit révoquée par une autre loi revêtue des mêmes formalités ; au lieu que chez le deſpote, la loi eſt mobile comme le ſable, & qu'elle ne ſubſiſte plus pour les uns, lorſqu'elle ſubſiſte encore pour les autres : 5°. Enfin, chez le monarque il n'y a qu'une loi & qu'un ſouverain ; tandis que chez le deſpote il y a néceſſairement autant de loix & de deſpotes, que l'on peut compter de dépoſitaires de l'autorité, puiſque la volonté arbitraire & momentanée de ceux-ci devient néceſſairement une loi absolue pour tous ceux qui leur sont soumis. Pesez bien toutes ces différences & plusieurs autres ; calculez-en les effets ; & dites ce que l'on doit penser de ceux qui confondent la monarchie absolue avec le despotisme !

VIIIe. L o i.

*Les charges publiques seront inamo-
vibles.*

Le motif de cette loi ne doit pas se prendre dans l'intérêt particulier de ceux qui sont revêtus de charges publiques : car en ce cas, nous ne la placerions qu'à la suite de toutes les autres, quoique très-juste en elle même, puisque l'équité demande certainement qu'on ne puisse pas ôter arbitrairement à un homme une charge, qu'il est supposé avoir mérité d'obtenir, aux fonctions de laquelle il a consacré son tems, ses soins, sa santé, & peut-être même sa fortune.

Il n'y a qu'une époque dans la vie propre à choisir un état, une carrière : que peut donc faire celui qui long-tems après cette époque se verra exclu de la carrière qu'il avoit choisie ? C'est le rendre inutile à la société ; c'est le rendre malheureux. Vous lui aviez permis de faire le choix qu'il a fait. Vous aviez même applaudi à son choix en mettant son zèle en état de vous servir : vous aviez accepté le fruit de ses talents & de son travail : c'étoit un bail fait tacitement entre vous & lui : vous ne devez point manquer à vos engagements, à moins que lui-même ne manque aux siens : ceci devient donc une affaire de procédure légale & juridique. Prouvez qu'il est en faute ; & prouvez le dans les formalités prescrites & reçues.

Mais, je le répete, cette raison n'est pas celle qui me fait placer cette loi à la tête de toutes celles qui renferment les devoirs imposés au souverain. Cette loi est très-importante, non seulement pour

les particuliers revêtus de quelques charges, mais encore pour tous les citoyens
dont les intérêts ont quelque rapport aux
fonctions de ces charges. Si l'on pouvoit si facilement déplacer le juge intégre
qui auroit condamné le protégé de quelque favori, ou peut-être le favori lui-
même, on le déplaceroit : le juge lui-
même le craindroit ; & cette crainte pourroit souvent le faire prévariquer : il seroit
sans cesse tourmenté, troublé par les inquiétudes & les allarmes : il n'auroit point
cette liberté d'esprit si nécessaire pour bien
voir ce qu'on doit, ni ce courage si nécessaire pour s'y porter avec confiance.

Vous m'objecterez les départemens qui
roulent sur des objets secrets, & qu'en
conséquence on ne peut discuter devant
les tribunaux ? Dans le département des
affaires étrangères, par exemple, un homme se sera laissé corrompre pour une affaire qui ne peut & ne doit point parvenir
à la connoissance du public ? On ne pourra

pas recourir aux formalités juridiques pour
déplacer & punir ce coupable.. . . . Je
conviens avec vous qu'il y a des exceptions semblables, quoiqu'il y en ait beaucoup moins qu'on ne pense : car elles ne
peuvent se trouver que dans les bureaux
où l'on traite des plus grands secrets de
l'état, & ces grands secrets ne se traitent
guère dans les bureaux. Mais enfin, me
direz-vous, cela arrive quelquefois ? Et
comment alors punir les coupables, s'il
faut leur faire publiquement leur procès
pour les déplacer ? En ce cas, il ne faut
pas que les places de cette nature soient
des charges de l'état ; il ne faut en faire
que de simples commissions à volonté :
vous déplacerez alors ces hommes sans injustice, pourvu qu'ils aient su d'avance
jusqu'à quel point ils étoient exposés à
cette instabilité inquiétante : mais vous ne
leur infligerez aucune autre peine que
celle de n'être plus employés ; sans quoi
vous leur ferez faire leur procès : il vaut

mieux qu'un coupable jouisse d'une sorte d'impunité, que de donner aux ministres trop de facilité pour punir un innocent. Si la faute est trop grave, assurez-vous du coupable; ayez soin que rien ne lui manque; & dès que le tems de révéler son iniquité sera venu, justifiez-vous alors aux yeux de la nation.

J'imagine qu'il y auroit beaucoup d'avantages & peu d'inconvéniens à établir dans l'ordre public de l'état, deux points très essentiels à la tranquillité des familles & des individus; l'un qu'il y auroit peu de places qui ne fussent que de simples commissions, & qu'elles seroient déterminées d'avance par la loi, sans que les chefs eussent la liberté d'y faire comprendre à volonté celles de leurs subalternes qui jusques-là n'y auroient pas été comprises; & l'autre que les chefs des départemens, en acceptant ces départemens, n'auroient point le droit de déplacer les subalternes qui y seroient employés,

& qui y auroient été placés par les chefs antérieurs ; qu'ils ne pourroient point, dis-je, les déplacer pour en donner les places à leurs créatures ; & qu'en un mot, chacun de ces chefs auroit besoin pour un déplacement semblable, d'y être autorisé par son propre supérieur.

En général, aucun citoyen ne peut avoir de confiance en ses juges, chefs, ou supérieurs, quand on voit qu'ils sont si facilement déplacés, changés, renvoyés, ou punis sans aucune formalité. Aucun homme public ne peut bien remplir ses devoirs, s'il n'est assuré de pouvoir les remplir au moins impunément. La sûreté des citoyens pour leur vie, leur honneur, leurs biens, leur liberté, l'ordre public, les mœurs, l'honneur national ; tout tient à cette loi & en dépend.

IXᵉ. Loi.

Il n'y aura point de jugement que la cause n'ait été plaidée contradictoirement & publiquement.

Cette loi n'est qu'une extension de la précédente ; & l'on ne peut y admettre aucune exception, si ce n'est pour ôter de simples commissions, ou dans des tems de troubles ; mais les tems de troubles ne sont pas faits pour l'ordre & les loix : il y a alors des maux nécessaires : je pourrois ici donner pour exemple un cas particulier dont j'ai déja parlé ; celui où des tribunaux se feroient rendus criminels : il n'y auroit plus alors de juges ; & il faudroit bien que le roi reprît la plénitude de son pouvoir ; & qu'il jugeât lui-même sans s'astreindre à des formalités qu'il ne seroit ni possible ni convenable qu'il observât. Mais ces cas doivent être rares, ou même ne jamais arriver. Cependant un souverain doit les craindre, parce qu'ils occafionneroient une allarme générale. Si malheureufement ils font arrivés, il doit fe porter promptement au remede, & agir avec célérité, non feulement pour pouvoir rétablir l'ordre plutôt, mais fur-tout parce que tous les tempéramens de douceur que fa bienfaifance pourroit lui infpirer, feroient toujours mal interprêtés, vu la chaleur & la fermentation des efprits.

Cette neuvième loi, au refte, eft d'une néceffité générale, & ne peut jamais admettre aucune exception dans les caufes entre citoyens. Elle a peu d'exceptions à recevoir ou à tolérer dans les caufes qui intéreffent directement le fouverain, l'état, ou quelqu'un des principaux corps de la nation; & ces exceptions, il faudroit qu'elles fuffent marquées d'avance dans le code public.

Je ne range point parmi les exceptions les cas particuliers où la juftice elle-même a déclaré que les difcuffions ne pourroient être publiques, quoiqu'elles fuſſent toujours contradiɛtoires. Je ſais qu'en matières criminelles, la publicité des recherches les rendroit ſouvent inutiles, & cauſeroit un ſcandale dangereux. Mais ces exceptions ne ſeroient point arbitraires ; elles ſeroient énoncées d'avance par la loi, & ne s'étendroient jamais juſqu'à gêner la contradiɛtion entre les contendans.

Xᵉ. L o i.

Excepté dans les circonſtances extraordinaires dont nous venons de parler, *le ſouverain ne fera jamais lui-même les fonɛtions de juge.* Si le roi prononce lui-même, en général on peut craindre que ſa volonté arbitraire & momentanée ne devienne ſeule la loi pour le moment où il juge, c'eſt-à-dire, pour le ſeul moment où la loi doit agir : en conſéquence, les loix pourroient être nulles, ſans conſiſtance, fans caractère, fans aucune ftabilité; il n'y auroit plus de loi; les formes publiques même feroient anéanties; tout pourroit être foumis aux caprices d'un feul homme.

XI.ᵉ L o i.

Les formalités feront les moins compliquées qu'il fera poffible, pourvû qu'elles foient fuffifantes.

Il faut des formalités : elles font la fauve-garde du citoyen & des loix contre la brigue, la chicane, & l'iniquité. Il faut qu'elles foient uniformes, fimples, juftes, connues, inaltérables, & refpec-tées peut-être plus encore que les loix, ou du moins qu'elles foient confidérées comme faifant partie des loix primitives & effentielles de l'état. Il en faut pour le choix de toutes les perfonnes à qui l'on voudra confier quelque charge publique, & fur-tout de celles qui concernent la juſtice : il en faut pour la rédaction & publication des loix , des ordonnances , & des réglemens du ſouverain ; il en faut pour la procédure , tant en matière civile qu'en matière criminelle , &c. Le peuple , toujours borné du côté des connoiſſances , s'attache principalement aux uſages établis , parce que ſes ſens ſont un appui qui leur eſt analogue. Ainſi rien ne doit être plus ſacré aux yeux d'un ſouverain que les formes publiques auxquelles le peuple eſt accoutumé , & qu'il regarde comme le garant de ſes droits.

N'oublions pas que pluſieurs perſonnes de grand ſens prétendent que l'on devroit ranger parmi les formalités néceſſaires celle qui obligeroit les juges de motiver toutes leurs ſentences ; de manière que ſi dans l'appel le motif de la ſentence étoit évidemment reconnu être l'effet d'une ignorance craſſe , d'une négligence répréhenſible , ou de l'iniquité , le juge , auteur de cette ſentence , ſeroit puni par la privation de fon office, ou condamné à une amende, ou même traité plus févérement. On fe trouve très-bien de cette loi dans les pays où elle a lieu; & je ne vois aucune raifon valable de ne pas l'admettre : la juftice eft fi bien due; il eft fi important à la fociété qu'elle foit fidelement rendue, qu'on ne peut prendre trop de précautions pour établir à cet égard la plus grande tranquillité, & répandre les plus grandes lumières. D'ailleurs, un jugement non motivé réferve au mauvais juge trop de moyens d'échapper à la punition qu'il mérite : cette manière de juger préfente une image trifte & effrayante de defpotifme, non dans le fouverain, mais dans le magiftrat ; & enfin rien n'inftruiroit plus utilement les gens de juftice & les plaideurs, que des recueils de jugemens motivés; comme rien ne contribueroit plus à la haute réputation des juges, que des jugemens toujours fagement & équitablement motivés.

XII.e L o i.

Chaque claſſe de citoyens, chaque canton, aura ſes tribunaux par leſquels ſeuls il pourra être jugé.

Il y a ici des détails infinis que j'omets, & dans leſquels nous trouverions pour certaines perſonnes de vrais magiſtrats, des juges compétens, & des tribunaux légitimes dans les officialités, par exemple, dans les corps des officiers de chaque régiment, &c. Tous ces tribunaux doivent être aſtreints à des formalités preſcrites, comme nous l'avons dit. De plus, aucun citoyen ne pourra jamais être appellé que de ſon conſentement par devant un tribunal qui ne ſera pas le ſien, lorſqu'il aura ſes propres droits à défendre. Ceci eſt une des formalités les plus eſſentielles ; les commiſſions extraordinaires ſont quelquefois inévitables : mais alors même, c'eſt un malheur public qu'une commiſſion ; il ne faut donc y recourir qu'en gémiſſant & dans les cas de néceſſité abſolue. Il me ſemble d'ailleurs qu'il faudroit dans chaque province un peu étendue, un ſeul tribunal ſupérieur, & beaucoup de tribunaux inférieurs, afin qu'aucun citoyen n'eût à ſortir de ſa province pour pourſuivre ſes droits ; que tous fuſſent jugés, pour ainſi dire, ſous les yeux de leurs parens, de leurs amis, de leurs voiſins, & par des juges qu'ils connuſſent. Sans cela, où eſt la confiance ? où eſt la publicité ? Il eſt plus à propos qu'on ne penſe que le plaideur puiſſe ſe plaindre, s'il en a le droit, à ſon juge, aux parens, aux amis, & aux voiſins de ſon juge ; & que celui-ci ſoit connu, vu & rencontré par ceux dont il a décidé le ſort. C'eſt alors que l'aiguillon de l'honneur l'agite, & lui fait craindre de mériter quelques reproches. Mais quand le juge eſt à cent lieues de celui dont il a renverſé la fortune,

que

que ce dernier ne le connoît point, &
n'en peut jamais approcher, ne peut-on
pas dire qu'alors l'injuſtice ſeroit trop facilement impunie? le peuple du moins
peut le craindre; & c'eſt un inconvénient qu'un gouvernement ſage doit chercher à éviter. Comment ne pas plaindre
de pauvres malheureux, qui, pour défendre leurs droits, ſont obligés de venir
à cent lieues de leurs familles, de leurs
biens, de leurs affaires, ſe traîner pendant des années entières à la porte de
leurs juges, qui ſont trop ſouvent pour
eux comme *des dieux cachés?*

XIIIe. L o i.

Que la juſtice ſoit rendue le plus promp-
tement qu'il ſe pourra.

En effet, un procès, même en matière
civile, déplace un citoyen occupé pour
le ſervice de l'état, ou pour le ſoutien de
ſa famille. C'eſt une grande perte que

N

celle de son temps; & indépendamment de cette raison, il n'est rien que l'on doive aussi essentiellement à un citoyen que la justice : or, tant qu'on differe de l'accorder, on la refuse. Dans les procès criminels, la loi ne peut pas trop se hâter de rendre la liberté & l'honneur à l'accusé, lorsqu'il est innocent; & le juge ne peut pas trop se hâter de venger, de satisfaire la loi, quand l'accusé est coupable.

XIVe. L o i.

Que la justice soit gratuite.

Il faut qu'elle soit *rendue*, parce que le souverain *la doit;* & *non vendue*, parce qu'on ne vend pas à un homme son propre bien. Les magistrats les plus respectables gémissent eux-mêmes sur les abus que le temps peut avoir introduits à cet égard chez les nations même les plus sensibles aux convenances, & par conséquent les plus justes. C'est qu'ils sentent que les rétributions de ce genre, quelle qu'en foit la dénomination & la forme, font auffi mortifiantes pour les magiftrats, que défa-gréables pour les plaideurs : ces abus fem-blent vraiment mettre la juftice à bas prix. D'ailleurs, on fait que le riche pourfuit fouvent le pauvre, dans l'efpérance que celui-ci ne pouvant fuffire aux frais, fera contraint de renoncer à fes droits. Que le pauvre donc ait peu de chemin à faire ; & qu'il n'ait d'autre dépenfe à fa charge que celle de fon entretien perfonnel : voilà ce qu'il faudroit ; & fi l'on craint que tant de facilités ne multiplient les procès, in-fligez une peine proportionnée au plai-deur de mauvaife foi. Ce fera le moyen d'éviter cet inconvénient. Mais pour ef-frayer le plaideur de mauvaife foi, ne vous expofez pas à ruiner ceux qui ne fongent qu'à fe maintenir dans des droits légitimes: ce feroit de deux inconvéniens choifir le moins tolérable, le plus injufte, le plus grand.

N 2

XVe. LOI.

Aucun citoyen ne sera géné dans la libre dispofition de sa perfonne & de ses biens.

Si vous voulez faire pencher vos sujets vers un état particulier, attachez - y des honneurs, des distinctions, des avantages, enfin un intérêt, quel qu'il soit : mais que la liberté du citoyen soit toujours intacte & sacrée, ainsi que son honneur ; c'est par-là que vous verrez vos sujets pleins de zèle pour leur patrie & pour votre personne. La violence est un mal & ne fait que des maux. Toutes les raisons que l'on allègue pour autoriser le souverain à retenir les enfans malgré eux dans la condition de leurs pères, ou à embrasser l'état où vous pensez qu'ils seront plus utiles, &c. toutes ces raisons, dis-je, sont fondées sur des idées fausses & étroites : elles ne sont alléguées que par des hommes paresseux & mal-adroits, qui cherchent à cou-

vrir leur incapacité fous le voile d'un fervice plus prompt & plus fage; fyftême
injufte, décourageant & mal-adroit. La
liberté fait naître & le génie, & les talens,
& les vertus, & le zèle; c'eft un tréfor
précieux qu'il faut ménager & refpecter.
La fervitude étouffe & le zèle & les vertus,
& les talens & le génie.

C'eft par le concours & le maintien
de toutes ces loix, & fans doute de quelques autres encore, qui font indiquées dans
le détail de cet entretien, que le gouvernement pourra devenir parfait & vraiment
monarchique. Le roi aura la plus grande
liberté poffible de faire le bien, & les fujets auront la plus grande sûreté poffible
pour leur vie, leur honneur, leurs biens &
leur liberté. Il faut que le roi ait une autorité entière, libre, indépendante, & qu'il
puiffe l'exercer fans craindre aucune répri-
mande, aucune contradiction, pour tout
ce qui eft peut-être néceffaire au maintien
& à la défenfe des droits des citoyens: car

les hommes n'ont pu defirer d'avoir un roi
que pour avoir fûreté entière à l'abri de ce
rempart fi refpectable. Cette autorité tuté-
laire s'étend à tout ce qui vient du dehors,
comme aux ennemis du dedans. Ainfi la
guerre & la police intérieure doivent être
de fon reffort, de même que les traités &
les loix. Le citoyen ainfi défendu contre
les entreprifes de fes concitoyens & celles
des ennemis de l'état, ne pourroit plus
avoir à craindre que les entreprifes de fon
fouverain. Pour ce dernier objet, en le fuppofant poffible, le citoyen ne peut avoir
d'autres armes que celles que nous venons
de lui donner; les formalités établies, & la
connoiffance certaine que pour vouloir le
mal de fes fujets, il faudroit que le roi voulût
le fien propre; ce qui eft abfurde à imaginer.

LE DUC. Et fi le gouvernement veut
violer ces formalités, que devient la fûreté du fujet?

FÉNÉLON. Le Souverain ne le voudra pas; & le gouvernement ne pourroit

que très-rarement le vouloir & en de petites chofes : encore ne tarderoit-il pas à réparer le mal : il fentiroit que ce n'eft qu'en refpeétant ces barrières, qu'il peut avoir la confiance, l'eftime & l'amour des citoyens : il fentiroit qu'il ne peut violer ces loix fans occafionner quelque réclamation de la part des magiftrats. Ces aétes de réclamations ne pouvant être fecrets, porteroient la caufe, en quelque manière, au tribunal de toute la nation & de toute l'europe ; c'eft-à-dire, que toute l'affaire qui les auroit occafionnés, deviendroit publique, & intérefferoit vivement tout le public. Si elle étoit grave, le fouverain perdroit encore plus à la foutenir, parce que l'injuftice feroit plus grande aux yeux de tous ; & que les efprits en feroient plus allarmés & plus affligés. Le fouverain fentiroit le prix de la perte du cœur de fes fujets. Il n'a de force que par le pouvoir de les réunir pour les faire concourir à fes vues ; or, en les aliénant , il feroit moins fûr de pouvoir les réunir. Le fouverain feroit donc obligé le plus fouvent de reculer dans ces entreprifes que vous craignez ! Le regret & la crainte de perdre la confiance publique font d'affez bons freins. Il faudroit lui fuppofer un aveuglement abfolu, ou une foibleffe inconcevable, pour imaginer qu'il voulût courir de femblables rifques fans une néceffité bien réelle.

On n'a donc à redouter ce malheur que dans quelques cas particuliers , très-compliqués & très-rares ; & comme il n'y a rien en ce monde qui foit fans inconvéniens, & qu'entre les maux que l'on prévoit, il eft du fage de choifir les moindres ; nous ferons bien de nous en tenir à une forme de gouvernement qui a tant & de fi grands avantages , malgré ces inconvéniens toujours moindres que ceux que toute autre forme produiroit. Le fouverain a pour puiffance la force des loix ; il a pour frein la force des mœurs : or , on fait que les mœurs nationales font plus fortes que les loix , lorfqu'elles font en contradiction avec elles ; & c'en eft affez pour raffurer la nation.

Il ne s'agit pas ici de démarches équivoques & problématiques : il s'agit de faits publics, caractérifés, & bien connus pour être en oppofition directe avec la façon de penfer de toute la nation & avec fes droits. Comment le roi & fes miniftres pourroient-ils s'y porter de deffein prémédité? car s'ils le font par méprife ou par mégarde, ils ne feront pas plutôt inftruits de cette erreur, qu'ils s'arrêteront & fongeront à la faire oublier & à la réparer. Le roi voudroit-il agir contre fa confcience uniquement pour agir contre fes propres intérêts? Ses miniftres voudroient-ils le tromper pour l'égarer plus fûrement, dans l'affurance que tout ce qui pourroit en réfulter pour eux-mêmes, c'eft qu'ils y perdroient leur vertu , leur honneur , qu'ils feroient déteftés , & expofés pour leur fortune & leur propre perſonne à tout ce que le reſſentiment d'une nation peut avoir de plus affreux, ou mieux encore, à tout ce que la juſtice du roi pourroit avoir de plus ſévere ? Celui qui craint de ſemblables travers de la part des miniſtres, ne ſait pas combien les grand ont beſoin d'être aimés & eſtimés des peuples ! on ne s'imagine pas avec quelle force & qu'elle vivacité ce beſoin ſe fait ſentir au fond de leur cœur ! moins ils ont à déſirer de tout autre côté, plus leur deſir relativement à ces deux points eſt impérieux.

Comment d'ailleurs peut-on ſuppoſer qu'ils voudront agir contre la façon de penſer de tous leurs concitoyens ? ils ſont eux-mêmes tirés du ſein de la nation : les opinions publiques ſont les leurs. Quoi ! l'homme eſt-il donc aſſez mépriſable pour que l'on doive ſuppoſer que la plûpart de ceux qui ſeront appellés au miniſtère, changeront en y entrant de mœurs & de principes; qu'ils fe métamorphoferont en d'autres hommes, & qu'ils fe dépouilleront fans peine de tout ce qu'ils ont eu jufques-là de préjugés, d'opinions, de principes & de qualités morales? Il faut avouer qu'il y auroit de l'injuftice à le penfer du grand nombre : or, c'eft le grand nombre qui domine, au moins dans les cas ordinaires.

LE DUC. Mais ne fuppofez-vous pas les miniftres d'état plus parfaits que les autres hommes ; défaut que vous avez reproché aux partifans du gouvernement républicain ?

FÉNÉLON. J'ai fuppofé dans mes principes que l'on auroit foin de bien inftruire la nation de fes loix, de l'efprit & des avantages de fon gouvernement : j'ai fuppofé les hommes fujets aux paffions, & furtout à l'intérêt & à l'ambition, au moins dans les monarchies : voilà tout ce que je fuppofe encore ici ; puifque les miniftres & le fouverain ne peuvent vouloir le mal, fans aller contre leurs propres lumières, (au moins dans les affaires bien caractérifées ,) & toujours contre l'intérêt de leur fortune, de leur ambition & de leur amour-propre ; qu'il faudroit, pour que je me trompaffe, fuppofer au plus grand nombre d'entr'eux, le deffein formé de faire le mal pour leur propre mal. Quel homme public voudroit à fon propre détriment s'op-pofer à tout, & s'expofer à tout, fe voir feul dans la fociété, fans plaifir, fans tranquillité, fans fûreté, fansamis ! Vous me fuppoferez fans doute tout ce que l'hiftoire peut reprocher de vices, de crimes & d'attentats aux miniftres de toutes les nations & de tous les fiècles ; ainfi que les travers inconcevables & les torts infinis de tant de fouverains, dont les faftes de l'antiquité nous retracent la vie & les actions ? mais pour que l'objection fût folide, il faudroit trouver ces vices, ces crimes, ces attentats, ces torts, ces travers dans l'hiftoire de quelque monarchie conftituée comme je le fuppofe ici ; dans laquelle furtout le gros de la nation fût inftruit de fes vrais intérêts , & de l'importance des formalités publiques ; dans laquelle ces formalités fuffent bien nettement con- nues , & confolidées par le tems. Si vous réuniffez ces deux ou trois points dans une même hypothèfe , je ne crains pas que jamais vous y trouviez un miniftère autre que je ne l'ai fuppofé plus haut.

LE DUC. Au moins vous avouez que le corps des magiftrats doit avoir le droit d'oppofer une réfiftance d'inertie , d'inac- tion au fouverain ?

FENÉLON. Il faut ici diftinguer plus d'idées que nous n'avons d'expreffions. Il y a plufieurs fortes de réfiftances : qu'un fouverain ordonne de violer une loi , ou fur-tout une des formalités qui ont été établies pour garantir le citoyen : le magiftra differera d'obéir , & demandera à être entendu : cette réfiftance eft un vrai zèle. Que fes premières repréfentations foient fans effet, il les réitèrera : c’eft courage. Tout eft vertu jufqu’ici : tout eft grand, pourvu que cette réfiftance d’inertie ne compromette point le fervice public ; car fi ce fervice étoit ainfi effentiellement compromis, le magiftrat, comme citoyen & comme fujet, devroit à la nation & au Roi le facrifice même de fa propre délicateffe ; non qu’il dût alors penfer & parler contre fa confcience, brûler ce qu’il auroit adoré de bonne-foi, & adorer par obéiffance ce qu’il croiroit encore avoir eu raifon de brûler ; mais parce qu’il devroit en fe renfermant pour les chofes qu’il n’approuveroit pas, dans un filence qui manifefteroit affez fa façon de penfer & fes principes, continuer néanmoins des fonctions publiques auffi néceffaires à l’ordre de la fociété, que les fiennes le font. Ainfi il ne faudroit pas que fous prétexte de maintenir l’équité des loix & le dépôt des formes publiques, le corps de la magiftrature pût jamais rien entreprendre fur l'autorité du fouverain. Ainfi, s'il arrivoit que ces actes de réfiſtance fuſſent trop multipliés, qu'on y vît des traits d'opiniâtreté; fi les magiſtrats paroiſſoient en chercher les occafions avec avidité, plutôt que de les attendre en les craignant; s'il y avoit dans les détails de leurs démarches quelque chofe de trop hardi, de hafardé, d'outré, de faux; fi l'on obfervoit entr'eux une confédération par laquelle ils femblaſſent vouloir en impofer; s'ils faifoient plus qu'il ne faut pour fauver le dépôt qui leur a été confié, & plus qu'ils ne doivent; s'ils agiſſoient par d'autres motifs que celui de l'intérêt général; s'ils fe faifoient un intérêt de corps, féparé de celui de la nation & du roi; fi, à quelque égard que ce foit, ils prétendoient avoir d'autre droit que celui de ne pas coopérer comme magiſtrats à l'établiſſement comme loix de celles deś volontés du fouverain, aux-quelles leur confcience s'oppofe; alors leur réſiſtance ſeroit un crime d'état ; ils mériteroient d'être punis : & comme ceux qui devroient juger en cette rencontre, ſeroient tous du nombre des coupables, il faudroit bien que le roi eût recours à une voie qui paroît irrégulière, & qui ne l'eſt plus dès qu'elle devient néceſſaire, je veux dire qu'il employât ſon autorité directement pour les dépouiller de leur état de magiſtrat, & les remplacer par d'autres. Au reſte, je ne regarde point en général ces confédérations criminelles comme poſſibles ; l'hiſtoire ne m'en préſente aucun exemple que je puiſſe citer ; & ſi ce qui n'eſt pas arrivé pouvoit jamais avoir lieu, je penſe que le ſouverain n'auroit pas de meilleur remède à y oppoſer que beaucoup de ſageſſe & de modération : peut-être encore feroit-il bien de faire concourir le ſuffrage de la nation avec ſon autorité ; & dans cette réunion, d'incliner pour les voies les plus douces. Cette indulgence ſemble en

pareils

pareils cas ne devoir produire que d'heureux effets. J'imagine qu'elle feroit dictée par la fagesse même, à moins que des circonstances extraordinaires, des intrigues cachées & plus dangereuses, des cabales puissantes & secrettes ne forçassent à terminer promptement les contestations intérieures, avec autant de célérité que de fermeté. Mais il faudroit toujours en réprimer le principe & détruire les erreurs qui auroient pu y donner lieu : car l'ambition des corps est plus grande que celle des particuliers, & elle est bien plus redoutable, non-seulement parce qu'elle est mieux appuyée ; mais aussi parce qu'alors l'ambitieux ne meurt pas.

LE DUC. Mais il est si facile aux courtisans & aux favoris d'en impofer au souverain, de le prévenir contre les magistrats ; & d'un autre côté, il est si essentiel à l'état de maintenir les formes publiques, établies pour la sûreté du citoyen, qu'il me semble qu'on devroit

O

avoir pour loi fondamentale de ne point réformer tout un corps femblable fans convoquer les états de toute la nation.

FÉNELON. La nation ne peut pas toujours juger de ces fortes de caufes, parce qu'elles tiennent quelquefois à des connoiffances de détail que le peuple n'a point. Et d'ailleurs le citoyen peut fort bien n'être point directement intéreffé à de femblables actes d'autorité, pourvu qu'on ne détruife pas les formes, & que l'on ne faffe que donner d'autres Juges. Je ne connois que trois cas où il foit toujours néceffaire ou jufte, ou convenable de convoquer les états ; c'eft 1°. lorfque la dinaftie régnante eft entièrement éteinte ; 2°. lorfqu'il n'y a point de régent défigné par la loi, dans le cas d'une minorité; 3°. lorfque le roi a befoin pour les dépenfes publiques de plus forte fomme que la part du produit national qui aura été précédemment fixée & affignée pour le gouvernement.

LE DUC. Ne pourroit-on pas même se contenter en ces trois cas, & sur-tout dans le dernier, de consulter la magistrature ? Les intérêts bien entendus du monarque & des sujets étant indivisibles, les magistrats peuvent, au défaut d'assemblée nationale, devenir quelquefois représentans communs, mutuels & alternatifs ?

FÉNÉLON. Qui leur en donnera le droit ? Qui répondra au roi & à la nation qu'ils seront aussi fidèles pour l'un que pour l'autre ? Vous leur supposez en cette occasion des vertus plus qu'humaines ; & s'ils les avoient, ne finiroient-ils pas par en abuser pour satisfaire à leur ambition ou à leur intérêt ? Les magistrats forment un corps mitoyen entre le souverain & le peuple ; ou plutôt ils sont représentans & organes du souverain auprès du peuple. Ils ne peuvent donc pas être de la même manière représentans du peuple auprès du souverain ; ce seroit avoir le droit de

plaider pour & contre dans la même
caufe ; chofe fi fujette aux inconvéniens,
que l'on a foin même de l'interdire aux
avocats dans tous les codes des loix.
Les magiftrats font les hommes du roi,
parlant en fon nom, élus par lui, ré-
compenfés par lui, foutenus par lui ; ils
ne peuvent donc pas être les hommes
du peuple. Ce feroit une contradiction.
Pour lever cette contradiction, il faudroit
qu'il y eût dans le code national une loi,
un acte qui commît les magiftrats pour
repréfenter le peuple en France. Les états-
généraux les ont quelque-fois chargés de
veiller à de certains points déterminés ;
mais ce n'eft pas-là donner une procu-
ration illimitée pour être les repréfentans
des états. Je dirois plus : c'eft que fi les
Magiftrats voyent qu'on lève en impôt
plus que la part fixée du revenu du pays ;
alors ils ne peuvent y conniver à aucune
condition. Il eft donc inutile de les confulter fur une chofe qu'ils ne peuvent

autorifer ; ils doivent alors folliciter la convocation des états, au moins indiquer qu'elle leur paroît néceffaire ; & s'abftenir, en attendant, de prendre aucune part libre à l'établiffement des impôts qui paffent la balance.

Le duc. Paffons à notre troifième queftion.

IIIe Question.

Quels font les états de l'Europe qui ont le plus grand intérêt à être gouvernés par des monarques ?

Fénélon. La France & l'Efpagne, voilà deux nations defquelles j'ofe affurer qu'elles fe dégraderont toujours plus, à mefure qu'elles s'éloigneront davantage de la forme du gouvernement monarchique : en ce cas, elles auront bientôt des ennemis domeftiques qui les déchireront par les guerres civiles ; ou des ennemis au-dehors qui les ravageront, les tron-

O 3

queront, les retiendront dans un état d'imperfection qui fera de leurs loix un code abfurde, jufqu'à ce qu'enfin elles finiffent par devenir la proie des autres nations; ou bien on les verra fe divifer & fe détruire elles-mêmes.

L'Allemagne a un fyftême fingulier & monftrueux, ce qui eft fort heureux pour fes voifins; car fans cela elle engloutiroit la Hollande, & peut-être plufieurs autres voifins; mais elle a de quoi faire deux grandes monarchies, & même trois fi l'on veut y englober le Tirol & la Pruffe.

L'Italie devroit auffi faire une feule ou deux monarchies au plus : mais il s'écoulera bien des fiècles avant qu'elle en vienne là, fi jamais elle y vient.

Les trois royaumes d'Angleterre n'en doivent faire qu'un : du refte leur gouvernement eft inique, en ce qu'il eft préjudiciable à l'Ecoffe & fur-tout à l'Irlande; & contradictoire, en ce qu'il a le titre de monarchie, tandis qu'il en détruit les bons effets.

Le Dannemarck ne peut faire un état puissant, qu'en faisant quelques acquisitions du côté de l'Allemagne ; & il n'y a pas apparence que l'occasion de le faire revienne de long-temps.

La Russie est un colosse énorme, qui pourroit écraser par la suite les pays vers lesquels il viendroit à pencher : heureusement pour ses voisins, jusqu'à présent on n'y voit ni loix, ni mœurs, ni culture. Cependant, comme il ne seroit pas impossible que les choses y prissent une forme par la suite, la Pologne & la Suède ne peuvent pas avoir trop de méfiance de ce côté-là.

La Turquie d'Europe feroit deux beaux royaumes : l'un entre la Mer Adriatique, la Hongrie, la Pologne, la Mer Noire, & la Grèce ; l'autre dans la Grèce & l'Archipel. Le génie destructeur des Turcs a fait un désert de ces belles contrées.

La Suède a des pays d'une grande étendue, des provinces qui pourroient beaucoup produire par la culture, les mines & les bois. Il s'agit pour elle d'en étendre le commerce & de se mettre en état de le protéger : ce qu'elle ne fera jamais, si elle n'est toujours monarchie pure.

La Hongrie & la Bohême ont du terrein, un sol fertile, mais peu de débouchés : cependant si les circonstances leur devenoient favorables, & que leurs souverains sussent en profiter, ils pourroient, en évitant un trop grand luxe, porter leur population jusqu'à un très-haut point, d'autant plus qu'ils auroient en abondance de quoi suffire aux besoins physiques : la Hongrie même pourroit s'enrichir & faire un grand commerce par le Danube ; mais il faudroit d'autres temps & d'autres voisins.

Le Portugal est peu de chose par lui-même, ainsi que la Hollande : mais les poffeffions que ces deux peuples ont dans les Indes , fuffifent pour les mettre au rang des états confidérables. Je dois néanmoins obferver que n'étant que marchands, ils ne peuvent jamais prendre une forme bien ftable ; car ils n'ont point de citoyens. La fortune d'un négociant ne tient à aucun fol ; elle circule dans tous les comptoirs de l'Europe : ainfi, comme notre patrie fe trouve être où eft notre fortune , les négocians n'ont point de patrie.

Je n'en dirai pas davantage fur cet objet, fi Votre Alteffe Royale veut bien me le permettre, vû que je ferois réduit à me jetter dans les conjectures , & que les conjectures font toujours trop incertaines pour mériter d'être bien intéreffantes.

Il en eft néanmoins une ou deux que j'offrirai à vos méditations , tant parce qu'elles font de la plus grande importance, que parce que votre bifayeul de glorieuſe mémoire, le bon & grand Henri, s'eſt très-férieuſement occupé de la première, c'eſt-à-dire, du projet d'établir en Europe une paix perpétuelle, & que la feconde tient au même objet.

Le plan de Henri IV étoit de former dans une ville de Suiſſe un congrès toujours fubfiſtant, où chaque fouverain auroit eu un miniſtre plénipotentiaire, un repréſentant chargé d'y expoſer fes plaintes & fes droits. Il auroit été défendu aux fouverains de fe faire juſtice par eux-mêmes ; & tous fe feroient ligué contre celui qui auroit ofé contrevenir à cette défenſe : la pluralité des voix auroit ainfi maintenu les droits de tous, & feroit devenue loi pour tous, parce que tous auroient été établis juges de chacun d'eux.

Ce projet auroit fans doute rencontré bien des difficultés, & entrainé de grands abus : mais je fuis perfuadé que Henri IV ne l'auroit pas tenté en vain, & que l'Europe y auroit infiniment gagné, en fuppofant même, ce qui me paroît très-probable , que l'exécution n'en eût pu être que bien imparfaite & fouvent in_terrompue.

Les mêmes motifs qui avoient infpiré ce projet à ce grand Roi, l'amour de l'ordre, de la paix & de l'humanité, la jufte douleur que caufe aux ames hon_nêtes le tableau des guerres fi fréquentes qui dévaftent le monde, pourroient-ils juftifier celui qui hafarderoit, non de propofer, mais de préfenter un moyen qui auroit confolidé le projet de Henri IV, qui même auroit pu le remplacer ? Ce moyen feroit de n'avoir en Europe que des puiffances capables de fe bien défendre, & toujours bien défendues. Pour cela, je fuppofe que l'Europe foit partagée en un certain nombre de puiffances divifées en trois claffes : l'une, des puiffances majeures qui , fans être trop fatiguées, pourroient avoir & auroient en temps de paix deux cents mille hommes de troupes ;

l'autre, des puissances moyennes qui seroient en plus grand nombre, & dont
chacune auroit aussi en temps de paix
cent mille hommes sur pied ; & enfin la
troisième, des puissances moindres qui
auroient toujours un corps de troupes de
vingt-cinq à cinquante mille hommes.
Je voudrois que ces puissances fussent
circonscrites dans les limites que la nature elle-même leur auroit assignées ;
c'est-à-dire, que chacune n'eût que des
limites naturelles. Ainsi chaque souverain
posséderoit toutes les contrées contiguës
aux siennes, jusqu'à ce qu'il rencontrât
de ces limites que j'appelle naturelles,
c'est-à-dire, la mer, ou une chaîne de
hautes montagnes, ou une rivière consi-
dérable, ou un fleuve. Il résulteroit de ce
partage un bien & un mal. Le bien,
c'est que chaque puissance pourroit facilement se défendre même contre une
puissance plus forte ; il lui suffiroit d'avoir
des forts bien construits & suffisamment

garnis dans les gorges des montagnes, aux paſſages exiſtans ou faciles à pratiquer ſur les rivieres & fleuves, & aux endroits des côtes maritimes où l'on peut débarquer. Moyennant un certain nombre de poſtes ſemblables, & une vigilance ſoutenue, une puiſſance plus foible ſe maintiendroit facilement contre une plus grande puiſſance ; ce qui ne pourroit à l'avenir que faire diminuer de beaucoup le nombre des troupes ſubſiſtantes en Europe ; d'autant plus que ce partage ôteroit à l'ambition ſon mobile principal, qui eſt la convenance, puiſqu'en effet vous auriez alors tout ce qui pourroit naturellement vous convenir, & que ce que vous pourriez enlever à vos voiſins ne vous conviendroit plus.

Le mal que je vois dans ce projet, c'eſt que pour l'exécuter il faudroit dépouiller pluſieurs princes, qui, avec des droits bien ſacrés, n'ont par malheur point de limites naturelles. Je ne vois

qu'un moyen de réparer ce mal : ce seroit de reléguer les princes ainsi dépouillés dans les vastes & belles contrées que
le Turc possede dans l'Archipel & dans
la Grèce, & de leur donner ainsi des
établissemens bien supérieurs à ceux qu'on
leur ôteroit. On pourroit former de cette
sorte un royaume de Macédoine, un
royaume de Sparte ou de la Morée, un
royaume d'Athènes, un royaume de Cons-
tantinople, sans compter toutes les grandes
isles qui fourniroient de fort beaux établissemens. Je ne parle pas des isles plus
petites qui peuvent avoir de bons ports ;
parce que je suppose qu'elles seroient
partagées entre les puissances maritimes
& commerçantes de l'Europe, non-seulement dans l'Archipel de la Grèce, mais
encore dans les autres Archipels du
monde.

Il seroit facile de porter beaucoup plus
loin le développement de cette idée :
mais il est d'autant moins à propos de

le faire, que ces fortes de fpéculations ne peuvent prefque jamais fe réalifer. Il vaut donc mieux employer le temps à la difcuffion des chofes praticables , &, puifque l'on ne peut pas prévenir toutes les guerres, fe borner à rechercher les moyens d'ôter aux puiffances les occafions de celles qui femblent moins dignes d'elles. On ne voit point fans douleur combien de guerres cruelles n'ont eu de motifs que dans l'orgueil perfonnel ou national des combattans. Je ne citerai qu'un cas particulier, qui a fort occupé les cabinets ; c'eft le droit de préféance : celui qui eft fouverain dans un pays, peut-il être plus refpectable par fon titre que ceux qui le font au même titre dans d'autres pays? Une nation a-t-elle le droit d'humilier les autres nations ? Sur quoi peut être fondée l'obligation où celles-ci feroient de foufcrire aux prétentions de celles-là ? Ne gagneroit-on pas beaucoup à convenir que toutes les puiffances de

la même claſſe auroient le même titre &
les mêmes droits? que toutes celles de
la première claſſe auroient le titre d'empereurs, par exemple, & ainſi de ſuite?
que dans chacune de ces claſſes, ce ſeroit
toujours le ſouverain ſiégeant perſonnel-
lement ſur le trône depuis plus d'années
qui auroit le premier pas? De cette ſorte,
chacun dans ſa claſſe ſeroit le premier &
le dernier à ſon tour : chacun vaudroit,
dans la repréſentation, ſelon ce qu'il eſt
par ſon rang, & jamais l'orgueil des uns
ne deviendroit une mortification irritante
pour les autres.

Je ne nie pas que les nations ou leurs
ſouverains ne puiſſent avoir de véritables
droits de préféance les uns ſur les autres. J'ai la preuve du contraire ſous les
yeux, puiſque les rois de France en ont
de vraiment inconteſtables, tels que la
plus grande ancienneté de la monarchie
& de la maiſon régnante, la plus grande
puiſſance, la qualité de premiers ſouverains

rains chrétiens, & la poſſeſſion bien établie d’après ces titres généralement reconnus. Mais j’obſerve que ces droits, comme tant d’autres, peuvent manquer de force coërcitive, & par-là être conteſtés : j’obſerve qu’ils pourront vous être plus nuiſibles qu’utiles, ſi vous ne les maintenez pas ; & que ſi vous êtes aſſez puiſſant pour les maintenir, vous n’en avez plus beſoin. J’obſerve enfin que ce ſeroit un beau moyen de s’honorer aux yeux de toutes les autres nations, que de renoncer à ces droits, en quelque ſorte, pour adopter le plan que j’indique ; outre que par-là on affoibliroit les haines nationales, on uniroit plus étroitement les peuples entre eux, & l’on diminueroit les occaſions de diſputes ; de ſorte qu’à tous égards, il me ſemble que l’on gagneroit bien plus qu’on ne perdroit.

Mais c’eſt trop nous arrêter à de vaines ſpéculations, qui, pour être inſpirées par l’amour du bien, n’en ſont pas moins

des rêves malheureufement inutiles &
impraticables.

Le Duc. Voyons donc la queftion
fuivante.

Quatrieme question.

*Jufqu'où le fouverain , dans les occafions
critiques & délicates , doit-il ménager
les corps publics ?*

Fénélon. Les égards & les ménagemens qu'un fouverain doit avoir pour
les différens corps de l'état, forment un
chapitre très-difficile à traiter. Il faut s'en
tenir à deux points capitaux : accordez à
un corps ce qui lui eft néceffaire, pour
qu'il foit toujours plus utile ; & prévenez
l'abus qui pourroit réfulter de ces mêmes
conceffions.

Le clergé maintient la religion & les
mœurs: qu'il foit éclairé & refpecté, fans
cela il devient inutile ; mais qu'il ne forte
jamais du cercle de fes fonctions fpirituel-

les, pour se mêler, sans l'aveu du souverain, des affaires temporelles, politiques, ou particulières.

L'armée est nécessaire à la défense de l'état ; ce qu'elle ne peut faire que par une grande discipline, & qu'autant qu'elle est encouragée par l'honneur : car quel autre avantage pourroit compenser le sacrifice de la vie ? Mais il ne faut pas que les honneurs que vous lui accorderez, emportent avec eux une trop grande autorité, une autorité trop étendue ou arbitraire : il ne faut pas qu'il en résulte une sorte de dispense des devoirs communs à tous les citoyens, à tous les sujets. Les militaires doivent avoir pour base l'obéissance aux loix, & la discipline : sans cela, les défenseurs de la patrie en deviendroient bientôt les despotes : toutes les armées finiroient par être autant de gardes prétoriennes.

Le peuple est nécessaire pour alimenter & servir tout l'état : mais sous prétexte de l'y faire contribuer, qu'il ne soit ni esclave ni ruiné. C'eſt une grande abſurdité que d'imaginer que plus il eſt chargé & mal-heureux, plus il eſt laborieux, utile, & docile. Il n'y a de gouvernemens que pour l'avantage de tous ; & comme le peuple eſt la partie la plus nombreuſe de la nation., c'eſt principalement pour le bien du peuple qu'il y a des gouvernemens. Ainſi il faut le rendre auſſi heureux qu'il eſt poſſible. Mais en évitant de l'opprimer, de l'écraſer ſous le poids de la miſère, de le porter à la révolte par des injuſtices & trop de dureté, il ne faut pas l'expoſer à la fainéantiſe, à l'indépendance, & à l'eſpérance de ſe faire craindre.

Enfin le magiſtrat doit faire obſerver les loix : c'eſt une autre ſorte de ſacerdoce, auſſi ſacré en quelque ſorte que le premier, mais également à craindre pour le ſouverain, ſi l'on permettoit à ceux qui en ſont revêtus, d'en trop étendre les droits & les prérogatives. Il faut que les juges ſoient l'organe & non l'auteur des

loix, qu'ils aient la charge de les faire obferver, & non le droit de les modifier, rejetter, ou créer.

LE DUC. Ainfi vous convenez que les
magiftrats font effentiels à la monarchie ?

FÉNÉLON. Il eft évident, & je crois
l'avoir prouvé, que la magiftrature eft effentielle à la monarchie, comme à tout
gouvernement bien ordonné ; mais cela ne
prouve rien pour les magiftrats pris indi-
viduellement, ou confidéres relativement
à telle dénomination ou à telle forme particulière que vous pouvez imaginer. Il y
aura une magiftrature, tant que le roi
pourvoira à ce que la juftice foit rendue
à fes fujets felon de bonnes & fages loix,
& par des hommes confacrés à cet emploi.
La bafe de toute autorité, c'eft l'intérêt général ; & cet intérêt exige qu'il y ait des
hommes particuliérement commis pour
rendre la juftice, comme ce même intérêt
demande qu'il y ait des militaires, des paf-
eurs eccléfiaftiques, &c. Le refte tient

fort peu à l'inrérêt général, ou n'y tient pas du tout, quoique tant de circonstances prouvent qu'il tient très fortement & de très près à l'intérêt particulier.

De tout temps, il y a eu des juges, des tribunaux ; donc il faut qu'il y en ait. Cette conséquence n'est juste, que parce que la raison pour laquelle il y en a eu de tout temps, c'est qu'il falloit qu'il y en eût. Ces tribunaux ont été nommés *Champs de Mars*, *Champs de Mai*, *Plaits*, & *Parlemens*. Il s'ensuit de-là, qu'il faut bien que les choses aient un nom ; mais dans le fonds, autant vaut l'un que l'autre. Ces tribunaux ont été composés le plus souvent de ce que l'on connoissoit de personnages plus respectables & plus éclairés dans l'état. C'est qu'en effet, il n'est rien de plus intéressant que leurs fonctions ; ce qui ne prouve néanmoins point du tout que la robe rende impeccable ou infaillible ; quoiqu'à dire vrai, des hommes qui passent leur vie à étudier les loix, à se bien pénétrer des principes d'ordre & de justice, doivent être plus souvent justes & réguliers que d'autres. Les magistrats ont eu des privilèges & des distinctions : est-il rien de plus juste que d'en attacher de très honorables à des fonctions aussi sacrées que les leurs? Il ne faut pas cependant en inférer qu'ils soient indépendans, & qu'ils cessent d'être sujets : eux-mêmes rejette-roient cette conséquence avec indigna-tion. Les souverains les ont consultés, ont souvent été chercher parmi eux des mi-nistres & des hommes de confiance : rien n'est plus naturel, puisqu'ils doivent réunir les lumières à l'habitude de travailler beau-coup, de tout soumettre à l'ordre public, & de ne juger qu'après un examen bien approfondi. Mais cela ne fait point un droit pour le corps.

Si Votre Altesse souhaite entrer quel-que jour dans un plus grand détail, elle n'aura qu'à s'occuper des quatre questions suivantes. 1°. Y a-t-il des corps publics

qui foient effentiels à la monarchie ?
2°. Jufqu'à quel point les corps publics
que nous voyons aujourd'hui dans les monarchies de l'europe, font-ils les mêmes
que ces monarchies ont eus autrefois ?
3°. Eft-il vrai que pour le bien de l'état
on doive toujours s'en tenir à l'ancien fyftême du gouvernement national ? 4°. Quels
égards le Souverain peut-il avoir pour les
prétentions des anciens corps ?

LE DUC. Je ferai d'autant plus aife de
pouvoir un peu développer ces queftions,
qu'elles me paroiffent préfenter une des
matières les plus délicates & les plus difficiles dans la pratique. Vous me feriez
par conféquent un grand plaifir de me
dire votre opinion fur chacune ; ne duf-
fiez-vous me donner que les principes les
plus généraux.

FÉNÉLON. Je vais donc les reprendre en
peu de mots, & finir par-là cette difcuffion politique.

I. Y a-t-il des corps publics qui foient effentiels à la monarchie ?

Je répondrai *oui*, fi ces corps ne font que les divifions naturelles des citoyens felon leurs rangs, leurs devoirs & leurs fonctions. Le gouvernement où tout feroit confondu à cet égard, ne feroit plus une monarchie. Il eft effentiel, par exemple, du moins à ce que je penfe, qu'il y ait une nobleffe qui faffe corps dans l'état, fans quoi nous tomberions bientôt dans l'aviliffement des Turcs, chez qui le fils d'un efclave devient grand-vifir. Si tous les fujets font à une égale diftance du fouverain, il n'y aura plus ni hiérarchie, ni proportion, ni rapprochement, ni liaifon, ni unité : une monarchie fuppofe dans la nation des hommes deftinés à en repréfenter les droits au befoin ; & ces hommes pour être fûrs d'être écoutés doivent être diftingués de la foule. Mais aucune loi n'a prononcé qu'il n'y auroit plus de monarchie, s'il n'y avoit en même-tems , tout à la fois, & nommément des princes, des ducs , des marquis, des comtes, des barons, des chevaliers, & des écuyers. Le corps eſt eſſentiel ; maïs la conſtitution peut en varier ſans détruire le gouvernement.

Dans le ſyſtême de notre religion , il eſt eſſentiel qu'il y ait un corps épiſcopal prépoſé à la conſervation & au maintien du dogme, de la diſcipline , & de la morale ; mais il n'eſt point abſolument néceſſaire que nous ayons les ordres religieux , les abbayes, les prieurés que nous avons : Il l'eſt encore moins que chaque titulaire ait préciſément les droits, qu'il exerce aujourd'hui , &c. Il eſt eſſentiel qu'il y ait des tribunaux de juſtice uniquement chargés de connoître & de conſerver le dépôt des loix & des formalités publiques, qu'ils feront obſerver , & qu'ils obſerveront eux-mêmes. Mais il n'eſt point eſſentiel à la monarchie que ces corps publics aient tel ou tel nom ; que ceux qui les compofent foient en tel ou tel nombre, au-delà de ce qu'exigent leurs fonctions ; que le reffort qui leur eft affigné renferme telles & telles contrées ; que leurs droits & priviléges s'étendent à tout ce qui pourroit leur plaire ou leur convenir. Il n'eft point contraire aux loix fondamentales du Royaume, par exemple, d'appeller les tribunaux fupérieurs *cours fouveraines*, auffi bien que *parlemens* ; d'y fupprimer quelques places, ou d'y en ajouter de nouvelles felon que l'on en fentira le befoin & la convenance ; de les multiplier en attribuant aux nouveaux une partie du reffort des anciens, comme ont fait nos rois, ou d'en annuller quelques-uns en foumettant leur reffort à la jurifdiction de quelques-autres, comme on le devroit fi, par exemple, on s'appercevoit par la fuite qu'on les eût multipliés au-delà des befoins réels de l'état ; d'ajoûter quelques articles de plus à leur difcipline intérieure pour mieux s'affurer du

bon ordre, ou de retrancher quelques-uns
de ces articles comme inutiles ou fujets à
des inconvéniens réels ; de leur accorder
quelques nouvelles diftinctions pour les
encourager ou récompenfer, ou bien de
les priver de quelques-unes de celles dont
ils jouiffent, fi elles ne faifoient point
partie de leurs fonctions, & fi elles pa-
roiffoient nuifibles à l'état fous quelqu'autre
point de vue ; de céder à leurs remontrances, ou de s'y refufer felon qu'elles pa-
roîtroient plus ou moins équitables &
fondées. Un fouverain peut confulter fes
magiftrats fur la nature & les inconvéniens des impôts : mais ce n'eft, à la ri-
gueur, ni un devoir pour le fouverain,
ni un droit pour les tribunaux de juftice.
Ceux-ci feroient bien moins recevables
à demander qu'on leur rendît compte de
l'emploi des deniers publics. Ce feroit fe
placer fur le trône à côté & même au-
deffus du Roi. S'il juge-à-propos de les
confulter, & qu'eux-mêmes, en fujet

fideles & zélés, ne s'appliquent qu'à répondre dignement à une confiance auffi honorable, il en réfultera que fans blâmer l'autorité du roi, ils ne l'en ferviront que mieux en lui repréfentant les charges de fon peuple; en même-tems que lui-même, par un pur mouvement de fa bonté, inftruira le peuple du bon ufage de ce que les fujets fourniffent à l'état; & le peuple alors payera toujours avec plus de plaifir ce qui pourra convenablement être néceffaire à fon fouverain. Si le fouverain veut de fon bon gré aller fiéger à un tribunal de juftice pour le confulter fur quelqu'objet que ce foit, il ne péche contre aucune loi, fans doute; & il eft naturel qu'il foit alors accompagné des grands du royaume, c'eft-à-dire, de fes pairs : il peut même permettre à un tribunal d'inviter à fes féances les pairs dans les occafions importantes. Comme les affaires de plaidoyerie font fujettes à fe trouver incidemment compliquées avec des affaires d'état; le roi peut permettre aux juges en certaines rencontres de prendre connoissance de celles-ci pour pouvoir mieux juger sur le principal : mais cette permission a besoin d'être renouvellée à chaque fois, parce que les affaires d'état demandent souvent un secret inviolable.

Il seroit aisé de pousser ces détails plus loin, mais la matière est inépuisable ; & je renvoie tant pour la preuve de ce que j'ai avancé, que pour la décision de tous les cas particuliers dont je n'ai pas parlé, aux principes & aux loix que nous avons établies : si vous en voulez bien saisir la nécessité & l'esprit, le reste n'aura plus de difficulté. Je ne vous ai présenté ici que des détails relatifs aux magistrats : mais que ne pourroit-on pas dire des ecclésiastiques, du militaire, de la noblesse, &c. ? on pourroit aisément faire un gros livre sur ce sujet : cependant je pense en avoir dit assez pour vous faire comprendre ma pensée sur la première question.

II. Jufqu'à quel point les corps publics que nous voyons aujourd'hui dans les monarchies de l'europe, font-ils les mêmes que ces monarchies ont eus autre fois ?... Je ne penfe pas que l'on puiffe en citer un qui n'ait fubi des changemens véritablement effentiels. Le clergé dans un tems n'a eu que des apôtres : enfuite ces apôtres ont été les feuls hommes inftruits, par conféquent les précepteurs du genre humain, les confeillers des rois : les mêmes affemblées qui pour certains articles pouvoient être confidérées comme des conciles, pouvoient à d'autres égards être réputées affemblées nationales. Les capitulaires régloient les affaires religieufes, civiles & militaires. Le clergé dont je viens de parler, eft bien éloigné d'être le clergé de nos jours. Vous parlerai-je des defenfeurs de l'état ? mais durant combien de fiècles n'a-t-on pas vu les mêmes hommes être tout à la fois les gouverneurs, les officiers de police, les intendans, les défenseurs, les seigneurs & les juges de leurs cantons? cherchez aujourd'hui en europe les successeurs de ces hommes qui étoient tout, & qui n'étoient rien de ce que nous voyons autour de nous!

Les anciens Parlemens de la nation, dans leur époque la plus vantée, étoient composés des grands vassaux de la couronne, des pairs, & des hauts barons; ils jugeoient des grandes causes survenues entre le roi & quelqu'un d'eux; ils recevoient les loix après avoir donné leur avis sur ce qui en étoit l'objet; dans ces assemblées on décidoit quelquefois de la paix & de la guerre. Ils étoient convoqués par le roi & présidés par lui. Les Parlemens actuels reçoivent les loix de la part du souverain: ils ont le droit de faire des remontrances, quand ces loix leur paroissent sujettes à quelque inconvénient: ils ont par conséquent le droit de les examiner, de délibérer sur ce qui en fait la teneur: mai-

ce

ce n'eſt pas comme colégiſlateurs ; c'eſt comme magiſtrats chargés de faire exécuter la loi, qu'ils ne peuvent trop étudier, connoître & reſpecter. La paix & la guerre ſont deux départemens que nos parlemens n'ont jamais évoqués à leur tribunal. Il eſt donc bien peu de points eſſentiels par où les corps publics actuels reſſemblent aux anciens.

Des princes, des ducs, des chefs de hordes germaniques s'étoient volontairement réunis avec tout leur monde ſous l'autorité d'un ſeul roi pour faire la conquête des Gaules : cette conquête fut le fruit de leur valeur & de leur ſang : ils devoient, ce ſemble, avoir le droit de prendre part à l'adminiſtration. Cependant nous ne voyons pas que ce droit ait été fort ménagé ſous la première race. Des maires du palais doués de toutes les qualités qui font les héros & les grands hommes, ſongèrent à monter ſur le trône de leurs rois : pour cela il falloit gagner les eſprits

& les cœurs ; c'est-à-dire faire de grandes chofes, & fur-tout en promettre de plus grandes encore : c'est ce qu'ils firent ; ils multiplièrent les conquêtes, élevèrent au plus haut point la gloire & la dignité de la nation ; & en s'attirant par là l'admiration des peuples, ils cherchèrent en même tems à les rendre heureux par une adminiftration plus parfaite & plus fage. Ils multiplièrent les affemblées nationales, compofées des grands qu'ils vouloient ménager : ils y admirent les évêques qui avoient pour plus beau titre la vénération du peuple & des grands : ils divisèrent leurs états en cantons, & donnèrent à chaque canton un juge, un chef appliqué à y maintenir l'ordre, la juftice, l'abondance, la fûreté & la tranquillité ; en un mot, un duc ou un comte. Dans des circonftances femblables, l'ambition des particuliers n'a pas coutume de s'endormir. Les ducs, les comtes, les évêques cherchèrent à mériter par leur zèle & leurs fervices la faveur qu'on leur faifoit, afin de pouvoir enfuite changer cette faveur en droit réel.

Voilà à-peu-près le tableau de ce qui fe fit fous la feconde race. mais cette race de héros ne tarda pas à dégénérer. Les defcendans des Pépin, des Charles-Martel, & des Charlemagne, n'eurent que des foibleffes, au lieu des vertus de leurs ancêtres ; époque encore plus favorable à l'ambition de leurs fujets ! Hugues-Capet, le premier, le plus grand & le plus habile d'eux tous, monta fur le trône, comme vous le favez ; mais ce ne fut pas fans faire de grands facrifices. La feconde race avoit fait beaucoup pour les grands en leur rendant à titre de charge, de bénéfices amovibles, une portion de l'autorité puplique : Hugues-Capet ne leur donnoit rien, s'il ne rendoit ces charges héréditaires , & s'il ne leur affuroit comme patrimoine cette autorité qui précédemment n'avoit été de droit que précaire ,

& réverſible au Souverain ; d'autant plus
que déja le haut baronage & l'hérédité
des grands fiefs avoient commencé du tems
de Charles-le-Chauve ; & que c'eſt ainſi que
lui-même avoit ſuccédé au comté de Paris.
Les deſcendans de Hugues-Capet ne tardèrent pas à ſentir les terribles inconvéniens de ce partage : mais le ſyſtême
féodal qui en réſultoit, ſe trouvoit trop
bien affermi pour qu'ils oſaſſent l'attaquer
de front. Il fallut prendre des routes dé-
tournées, gagner du tems, & ſuppléer
au défaut de force par l'adreſſe, en épiant
avec patience, & en ſaiſiſſant avec dexté-
rité les occaſions favorables. Les rois de
la troiſième race convoquèrent des parlemens, compoſés des grands du royaume : il le falloit bien ; tout étoit entre les
mains de ces grands, & les rois ne pouvoient rien avoir que par eux. Mais vos
ancêtres, MONSEIGNEUR, ſe gardèrent
bien d'augmenter ce démembrement que
leur premier chef n'avoit pu éviter : ils

parvinrent au contraire à diminuer peu à peu, & toujours au profit de la couronne, le nombre de ces vaffaux prefque indépendans. Les moyens les plus heureux qu'ils aient employés pour cela, furent 1°. l'art de mettre la défunion entre ces ennemis domeftiques de la monarchie; 2°. de les détruire fucceffivement les uns par les autres; 3°. d'envoyer des feigneurs de confiance dans toutes les provinces du royaume pour recueillir les plaintes & rendre la juftice; 4°. de créer quelques grands bailliages, mais en petit nombre, toujours fans préjudice apparent des droits les mieux établis de ceux contre lefquels ils dirigeoient toutes leurs forces & toute leur adreffe; 5°. d'affocier au tribunal de ces grands vaffaux, c'eft-à-dire au feul parlement de France, des clercs ou lettrés, non comme *juges*, mais feulement comme *confeillers*.

A tous ces moyens, nos rois en joignirent encore un autre qui ne fut pas un des moins efficaces & des moins heureux. Dans le deffein d'affoiblir les grands par des voies indirectes ; ils rendirent la liberté aux ferfs, & firent des citoyens honnêtes de l'état, d'une infinité de malheureux qui n'étoient qu'efclaves des feigneurs. St. Louis alla même jufqu'à permettre aux députés des villes d'entrer dans le parlement qu'il convoqua en 1241, contre Huques de Lufignan, comte de la Marche & pair du royaume. A la vérité on ne croit pas que ces députés aient donné leur voix ; cependant qu'auroient-ils eu à faire fans cela ? St-Louis fit plus : il affembla quelquefois de petits parlemens appellés *parloirs du roi*, où il convoquoit des clercs qui avoient étudié le droit canon : quoiqu'il ne le fît que dans des caufes particulières où il s'agiffoit des droits des prélats, c'étoit néanmoins encore une innovation. C'étoit du moins les initier aux affaires de l'état, & accoutumer les grands à les fouffrir à côté d'eux. C'étoit préparer de loin ce que l'on a depuis appellé *tiers-état*. Philippe le Bel, encouragé par cet exemple, fit un pas de plus, il appella pour la première fois le tiers-état à l'assemblée des états-généraux de 1302, où les communes (devenues libres & riches) assistèrent par députés. En 1305, il exécuta le plan qu'il avoit annoncé dans cette dernière assemblée : il ordonna que les *parloirs du roi* rendroient la justice deux fois l'an vers pâques , & vers la toussaint.

Enfin , quand tout fut prêt pour la catastrophe , & que le moment en fut venu , on frappa le grand coup ; on établit les parlemens actuels, séans, perpétuels , & juges en dernier reffort. Les grands vaffaux s'éloignèrent peu - à - peu de ces parlemens, non - feulement à raifon de leur ignorance ; mais parce que n'y faifant que le plus petit nombre , ils étoient affurés de ne jamais l'emporter, & par conféquent de n'y plus figurer qu'en sous-ordre. Au refte, nos rois avoient trop bien senti l'inconvénient du partage de leur autorité ; il leur en avoit trop couté de rétablir la monarchie, pour que l'on puisse imaginer qu'ils aient voulu s'expo-ser à tomber dans le même inconvénient. Tout prouve au contraire qu'à l'époque de ces grands événemens ils ont eu pour objet essentiel d'éviter les fautes commises à cet égard dans les siècles antérieurs. Mais les nouveaux parlemens de la monarchie rendirent de grands services ; on y vit briller de grandes lumières & de grandes vertus : on prit donc naturelle-ment en eux toujours plus de confiance. L'image des anciens abus s'effaça peu-à-peu avec le tems ; l'ancienne méfiance ne subsista plus, on multiplia ces tribunaux; il vint de nouveaux troubles pendant lesquels les rois négligèrent de renouveller à chaque année les lettres d'offices : les magistrats se trouvèrent donc magistrats à vie sans aucune formalité & par la seule force de l'usage. Sous Charles VII on négligea de renouveller les commiſſions aux conſeillers du parlement , & ils ſe continuèrent eux-mêmes dans leurs fonctions ; en quoi ils rendirent un grand ſervice aux provinces de leur reſſort qui ſans cela n'auroient plus eu, dans ces tems de troubles, aucuns recours pour la juſtice. Alors les ſeigneurs , obligés l'un après l'autre d'aller défendre leurs foyers à la tête de leurs vaſſaux , quittèrent inſenſiblement le tribunal. Des beſoins d'argent déterminèrent enſuite les rois à vendre ces charges de judicature , & cet uſage ſubſiſte encore. Dès le règne de Charles VII, tous les officiers du parlement eurent des gages. Outre cela , les plaideurs prirent l'habitude de leur faire de légers préſens, & pour l'ordinaire en épiceries. Ces épices furent enſuite converties en argent.

Suivez de cette ſorte toutes les époques de notre hiſtoire , & de l'hiſtoire de tous les peuples : par-tout vous verrez que tout change, & que rien n'eſt ce qu'il a été.

IIIᵉ Eſt-il vrai que pour le bien de l'état on doive toujours s'en tenir à l'ancien ſyſtême du gouvernement national? *

Convenons que les changemens de régime ſont dangereux, quand on ne

---

* Avons-nous donc eu autrefois une conſtitution bien établie? ... « Notre généalogie politique eſt & ſera tou-
» jours matière à problèmes pour un lecteur judicieux...
» que ne trouve-t-on pas dans les livres, avec la meilleure
» foi du monde, dès qu'on a réſolu de l'y trouver?... tout
» a été trouvé & prouvé pour & contre dans tous les cas...
» Chacun a contradictoirement pour ſoi la coutume, l'u-
» ſage, les maximes, la loi fondamentale; & le fait de-
» meure au plus offrant, au beſoin du moment & de l'in-
» trigue, ſans tirer à conſéquence néanmoins, pour ne
» pas déroger à la ſubſtitution graduelle & perpétuelle des
» tracaſſeries nationales à recueillir par nos neveux. Le
» fait eſt, je crois, qu'on ne ſauroit trouver ce qu'on cher-
» che, parce qu'il n'eſt point & qu'il ne fut jamais. Je ne
» dis pas que quand nous aurions eu autrefois une conſti-
» tution nationale achevée & confirmée, elle nous con-
» vint mieux aujourd'hui... Nos *rois* n'ont pas toujours
» été la même choſe : cependant nous avons toujours eu
» des *rois* : mais une conſtitution; jamais. Je ſais bien
» qu'on peut faire une diviſion hiſtorique entre nos temps
» militaires, notre âge féodal, la monarchie enſuite, le
» régime fiſcal enfin : mais en approchant de plus près,
» on verra que tous ces temps ſe tiennent par un enchaî-

les amène pas à propos, peu-à-peu, & avec adreſſe & intelligence : cette maxime eſt vraie, quand on l'applique aux individus, & plus encore quand on la rapporte aux nations en corps. Mais il ne

———

» nement fortuit, enfant du haſard & des circonſtances.
» Charlemagne voulut conſtamment donner une forme à
» la monarchie ; mais ſes enfans la renversèrent auſſi-tôt.
» L'anarchie amena la féodalité, dont nous conſervons
» encore des traces. En réuniſſant enſuite les membres
» épars, on n'a jamais tenté qu'à faux de leur donner une
» allure relative à la formation d'un corps actif & véritable.
» Quand, pour faire la monarchie, il a fallu des loix ci-
» viles, on a été les chercher chez les Romains, peuple
» municipal, & par conſéquent excluſif & ennemi de la
» vraie monarchie. Ces loix étrangères, amalgamées à
» des loix féodales, noyées enſuite dans une mer d'arran-
» gemens de *main-morte* & de *cuſtodie*, & dans une mer
» de légiſlation frauduleuſe & fiſcale, compoſèrent en-
» ſemble un monſtre d'irrégularités & de contradictions.
» Les Gaulois, doux & changeans comme leurs cli-
» mats, ingénieux & nouvelliſtes, ne furent féroces que
» dans leurs expéditions ; comme de nos jours, les Tarta-
» res & les Arabes, doux & hoſpitaliers chez eux, ſont la
» barbarie même dans leurs courſes. On a toujours con-
» fondu la guerre avec la barbarie. Les Gaulois ne vou-
» lurent point de roi, parce que des nations pauvres ne
» ſauroient avoir que des tyrans. Un Romain, fourbe &
» vigilant, vint les diviſer & les ſoumettre ; & l'Empire

s'agit pas de favoir fi l'on fait bien en changeant le régime d'un homme ou d'un peuple fans raifon & fans ménagement; on demande, fi malgré les précautions que la prudence peut indiquer, il eft tou-

---

» romain, maladie épidémique, fit chez eux fes ravages
» comme partout ailleurs.

» Épuifés enfin, ils devinrent la proie des barbares.
» Ces effaims du Nord avoient des chefs qui fe dirent
» *rois* : cette royauté confiftoit en une plus forte portion
» du pillage, & dans la réferve du droit de commande-
» ment. Les conquérans prirent des terres, chacun felon
» fon grade. Un droit fondé & établi de la forte, ne fau-
» roit fubfifter fans querelles : les petites querelles fai-
» foient des chocs ; les grandes querelles faifoient des
» batailles. On parlemente volontiers avant d'en venir
» aux coups, entre gens qui fe craignent. Des rois, des
» chocs, des batailles, & des parlemens ; telle fut notre
» conftitution ; telles furent nos mœurs. A la fin, cette
» correfpondance de battans & de battus laiffa ceux qui fe
» crurent affez forts pour afpirer à la pleine indépendance :
» l'état fe divifa en cantonnemens ; & le mot donné à ce
» fimulacre d'armée en quartier, s'appella *vaffalité*. Ainfi
» de militaire, le gouvernement devint féodal.

» Cette nouvelle forme ne laiffa guères plus de pouvoir
» aux rois, qu'on n'en avoit laiffé aux califes en Afie. Ce-
» pendant la race généreufe qui fe fit inveftir du titre, ne
» perdit jamais de vue le plan favorable de le rétablir dans
» tous fes droits : fon premier moyen fut de faire facrer

jours mal de le tenter. Or , dans ce sens, la question ne peut paroître que ridicule aux médecins & aux hommes publics qui joindront un peu de bonne foi à leurs lumières. Ainsi, que peut-on penser des

» & couronner le successour avant la vacance du trône.
» Philippe-Auguste tenta de réunir la nation par des
» guerres étrangères... Son petit-fils, Saint-Louis, se
» fit roi de justice & de police. Ce moyen régénéra sa
» puissance. Le hasard des circonstances donna force à
» cette loi qui ne donne de droit au trône qu'aux héritiers
» mâles, à la loi salique, suivie, avouée, & consacrée
» par l'opinion, parce qu'elle est également favorable au
» prince & aux peuples. Les guerres avec l'Angleterre,
» en occasionnant les plus grands maux présens, prépa-
» rèrent notre force future, en ce qu'elles réunirent la
» nation en corps d'armée. Charles-le-Sage rendit la
» royauté sédentaire, comme son grand-père avoit fait
» pour la justice : il fit la guerre par ses lieutenans, &
» jetta les fondemens de la vraie monarchie. Il mit en
» honneur cet esprit de chevalerie, composé de noblesse,
» de galanterie, de respect pour soi-même, d'égard pour
» les autres, & pétri de courtoisie & de subordination.
» Charles VII, conquérant par nécessité, établit le pre-
» mier impôt vraiment royal ; son fils, sombre & inquiet,
» confondit la puissance avec l'autorité, & crut que la
» royauté consistoit dans le despotisme de ses fantaisies.
» Sous les règnes suivans, la nation franchit les Alpes en
» corps d'armée : leurs exploits & leurs défaites ne servi-
» rent qu'à les réunir par opposition nationale.

auteurs qui, n'ayant à s'appuyer que ſur quelques uſages ou loix anciennes, ſe croient fondés à rejetter tout ce que le temps amène de nouveau ? Ils ſeroient fort embarraſſés de nous donner un tableau

---

» Durant le ſyſtéme féodal, chacun des petits ſouverains » ou grands vaſſaux établis ſur les ruines de l'ancien em- » pire françois, révoltés au‑dehors, uſurpateurs au‑ » dedans, avoient fondé leur fiſc ſur la force & l'abus » de la puiſſance. La franchiſe abſolue, préjugé national, » leurre de l'invaſion, mais incompatible avec la conſti‑ » tution réglée, étoit la prétention de tous ces vaſſaux, » qui tous voulurent demeurer juges des beſoins du pays. » Les princes ne purent donc impoſer que ſur des cas aven‑ » tifs & fortuits, des droits de *tranſit*, d'entrée, de ſortie, » &c. Ainſi chaque membre s'étoit cantonné dans ſon reſ‑ » ſort, croyant ſe former des barrieres contre l'étranger » uniquement. Nos rois en héritant des états de ces petits » ſouverains, hériterent auſſi de leurs droits prétendus & » habituels, qu'on confondit avec leurs domaines.

»L'ancien démembrement avoit rendu la cour ſolitaire, » elle ſe repeupla en proportion des réunions: on ſe diſ‑ » puta la faveur ſous des rois majeurs & faciles; ſous des » rois mineurs on ſe diſputa l'autorité. L'eſprit de la na‑ » tion donc, barbare d'abord, militaire enſuite, puis » féodal, chevalereſque après, ſoldat enfin, devint alors » factieux, téméraire & bientôt perfide, & s'accoutuma » au régime du déſordre; & la licence fut dès lors. pour » ainſi dire, l'unique point de réunion. (Ephéméride du Citoyen. Tome 7, page 15 & ſuivantes. 1770.)

fuffifamment complet de l'un de nos gouvernemens d'Europe, dans quelqu'époque
de notre ancienne hiftoire que ce foit; ils
n'auroient aucun titre valable pour fixer le
véritable gouvernement à l'une plutôt
qu'à l'autre de ces époques, qui préfentent
des traits tout-à-fait difparates. A juger
des gouvernemens de nos ancêtres par
tout ce que nous pouvons en connoître,
ils ne font rien moins que dignes d'envie;
& enfin cette forte de politique feroit également déraifonnable & funefte.

1°. Il n'eft aucune nation à l'hiftoire
de laquelle on ait plus travaillé qu'à celle
de France, & qui conferve plus de
monumens propres à diriger dans ce travail. Cependant, fi l'on en excepte la
partie des guerres & des conquêtes, ainfi
que la chronologie & l'hiftoire particulière & perfonnelle de chaque monarque,
nous fommes fort ignorants fur les détails des loix, des réglemens, & fur-tout
des ufages & des formalités publiques,

tant de police que de judicature. A dater de l'origine de la nation, jufqu'au règne de St. Louis, c'eft-à-dire, jufqu'au moment où l'on a préparé le fyftême des tribunaux actuels, car voilà ce que j'appelle notre hiftoire ancienne, les auteurs fe contredifent fouvent; plus fouvent ils fe taifent; & les faits même que tous femblent avouer, ne s'accordent point entr'eux. Je pourrois ici vous dépouiller nos hiftoriens, pour vous convaincre de ces vérités; mais vous pouvez aifément le faire vous-même; vous n'aurez pour cela qu'à noter de fuite les affertions & les faits qui n'ont de rapport qu'au gouvernement intérieur, & vous ferez étonné en relifant de fuite votre petit extrait, de la foule des contradictions qu'il renfermera; ainfi l'on peut dire qu'il n'eft rien qu'on ne puiffe prouver, à cet égard, par l'hiftoire: quelque parti qu'on prenne, on trouvera toujours, fans même beaucoup de recherches, & des faits, & des

autorités

autorités pour foi. Si dans vos momens de loifir, vous voulez quelque jour entreprendre cette petite tâche, vous pourrez partager notre hiftoire ancienne de cette forte : première époque, depuis Clovis jufqu'aux maires du palais; feconde époque, depuis les maires du palais jufqu'à Charlemagne; troifième époque, depuis Charlemagne jufqu'à Hugues - Capet ; quatrième époque, depuis Hugues-Capet jufqu'aux grandes croifades ; cinquième époque, depuis les grandes croifades jufqu'aux parlements féants; à quoi vous pourrez ajouter une nouvelle époque, non moins curieufe, depuis l'origine des parlements féants, jufqu'au jour où vous finirez cet extrait. Au refte, pour prouver ce que je viens d'avancer, en parlant de notre hiftoire ancienne, jettons un coup-d'œil rapide fur les faits qu'elle nous fournit, & fur les doutes qu'elle nous laiffe dans fes premières époques.

La nation après l'expulfion des Ro-

mains, se trouva composée de Gaulois
& de Francs; 1°. de Gaulois, peuple
esclave, accoutumé au joug despotique
des tyrans qui se décoroient du titre
d'*empereurs romains* ; ou *de préfets du
prétoire* , souverains subalternes , qui
avoient en leur disposition tout ce qui
concerne la paix, la guerre, la finance,
la justice, & les impôts. Qu'on lise les
annales de ces empereurs, & qu'on dise
de bonne-foi ce que peuvent être des
peuples subjugués par eux , & soumis à
leur autorité depuis plusieurs siècles !
Quand même ces peuples auroient eu
beaucoup de priviléges, Clovis leur vainqueur étoit-il homme à les leur laisser ?
On alléguera qu'il vouloit les gagner &
qu'il sacrifioit tout à sa politique. Mais
sa politique vouloit qu'il sacrifiât les Gaulois aux Francs, & c'est ce qu'il ne pouvoit
se dispenser de faire. 2°. De *Francs* , terme
dont on ignore encore aujourd'hui la si-
gnification. Mais ces Francs n'étoient que

les descendans de quelques hordes sau-
vages tirées des forêts & des marais de
la Germanie, & que l'on connoiffoit fous
les noms d'Attuariens, de Bruɗeres, de
Chamaves, de Saliens, de Cattes, d'Am-
fivariens, de Cances, de Sicambres & de
Frifons. Leurs peres n'avoient vecu que
de chaffe, de fruits, de légumes & de
racines. Eux-mêmes étoient des guerriers
qui ne favoient ni s'occuper utilement
pendant la paix, ni fe modérer après la
victoire, ne fachant ni lire ni écrire,
n'ayant par conféquent ni annales, ni
loix écrites. Les feules poffeffions qu'ils
euffent, confiftoient dans leur butin &
les terres qui leur étoient diftribuées au
commencement de chaque année fuivant
leur rang, leur valeur & leurs fervices.
Mais comment fe faifoient ces diftribu-
tions, & qui étoit juge des fervices &
de la valeur ? Leurs mœurs devoient être
fimples, comme celles de tous les peuples pauvres, ignorans & fauvages : leur

R 2

caractère devoit être ouvert dans l'amitié
& dans la haine : leur esprit devoit être
borné comme leurs besoins. Les Histo-
riens distinguent plusieurs classes de Francs,
les uns nobles , les autres libres , affranchis
ou serfs : mais ces deux ou trois dernières
classes étoient-elles composées de *Francs*
ou de *Gaulois* ? Quels priviléges , quels
traits différencioient toutes ces classes? Ils
avoient, nous dit-on , tantôt un *roi*,
tantôt un *prince*, & tantôt un *duc :* l'autorité des rois étoit perpétuelle , ajoute-
t-on ; celle du prince n'étoit que pour
un tems ; & les ducs ne commandoient
que pendant la guerre... Quelle étoit
donc précisément les objets qui étoient
soumis à l'autorité des uns & des autres ?
& à quelles loix cette autorité étoit-elle
soumise elle-même ? les uns & les autres n'a-
voient qu'une autorité limitée... par quelles
bornes ? D'ailleurs , tous ceux qui compo-
soient la famille royale étoient *princes* ; &
les titres de *princes* , de *ducs* , de *comtes* &

autres semblables ne reffembloient en rien
à ce qu'ils font aujourd'hui, comme on
le voit par ceux qui en étoient décorés
fous les derniers empereurs, tant dans
les Gaules qu'ailleurs. Les Francs avoient
la loi *falique*, qu'ils avoient fans-doute
adoptée des peuples faliens leur compatriotes, déjà établis dans les Gaules depuis le règne de Julien. De foixante-onze
articles qu'elle contient, un feul a rapport aux fucceffions des terres *faliques* ou
accordées aux Seigneurs, à condition
de faire le fervice militaire & fans aucune
autre fervitude. Les autres articles ne font
que des réglemens fur le larcin, les
maléfices, les incendies, &c. où font donc
les loix fondamentales, les principes généraux du gouvernement national? Les
rois Francs étoient élevés fur un bouclier,
& montrés à toute l'armée, & dès lors
reconnus pour rois légitimes; c'eft tout
ce que l'on fait de leur élection : cela
fe réduit, comme on voit, à une vaine

cérémonie ; & il nous reste à découvrir les titres qu'il falloit avoir pour être ainsi élus, à découvrir qui étoient les vrais électeurs, & sur-tout quelles formalités, quel ordre on observoit dans ces élections. En effet, le trône étoit-il héréditaire ? Mérovée étoit-il donc fils de Clodion, qui certainement avoit eu deux autres fils qu'il n'eut point pour successeurs ? Childeric Ier. étoit fils de Mérovée ; aussi fut-il élu : mais comment fut-il détrôné, & ensuite rappellé au trône par la nation elle-même ? L'histoire du soldat qui refusa de rendre les vases de l'église de Soissons ; la modération de Clovis, homme si peu modéré, qui attendit jusqu'au champ de Mars suivant pour l'en punir, & qui ne le que sous un autre prétexte ; tout cela semble prouver qu'ils n'avoient que des loix de discipline militaire. Cependant un Gaulois auroit-il été bien reçu à montrer la même résistance ? Ils avoient, pour la décision des affaires d'état, le champ de Mars , compofé du roi , du référendaire ou chancelier , du maire du palais , lorfque cette dernière charge eut été créée, du chambellan , du connétable, de l'apocrifiaire ou aumônier après qu'on eut embraffé le chriftianifme , des ducs , des comtes , dans la fuite des évêques & abbés , & de l'armée,... L'armée y étoit-elle tout entière ? Tous les foldats y donnoient-ils leurs voix ? Les Gaulois y furent-ils admis ? On y décidoit les affaires, d'état : étoit-ce d'après des loix antérieurement reçues ? Ces champs de Mars étoient-ils originairement autre chofe qu'une revue de l'armée avant d'entrer en campagne ? Comment le champ de Mars ne prit-il aucune connoiffance de la mort injufte & barbare de tant de petits rois cantonnés en différens endroits des Gaules , & que Clovis leur parent , fit périr par trahifon ? Le champ de Mars les avoit-ils élus & placés ? Le champ de Mars réunit-il leur domaine à celui de

Clovis ? Le champ de Mars eut-il jamais quelque part à ces divisions, que les rois de cette première race firent de tout leur royaume entre leurs fils ? Les fils de Clovis firent quatre lots & tirèrent au sort : Thierri, né d'une concubine eut le sien : pourquoi Munderic, également fils de Clovis n'eut-il rien ? Quand le partage ne se faisoit point à l'amiable, les armes en décidoient ; on se faisoit la guerre : mais nous ne voyons pas qu'alors le champ de Mars ait été consulté. Nous ne voyons pas plus que tous les rois Francs & Bourguignons de ces tems-là, aient jamais fait semblant seulement de consulter les peuples pour se faire la guerre, se détrôner, se faire décapiter, ou cloîtrer les uns & les autres, selon la fortune & les occurrences. Voit-on que les rois aient attendu le mois de Mars pour nommer à toutes les grandes charges, aux évêchés ? &c. Galsuinde, femme du roi Chilpéric, se plaignit à l'assemblée des états des infidélités de son mari, qui fut obligé de jurer qu’il lui seroit fidèle à l’avenir : mais on soupçonne que les sujets avoient prêté serment de fidélité à Galsuinde ; que son père, roi d’Espagne, connoissant l’inconstance du roi de Soissons, ne lui avoit donné sa fille qu’à cette condition, chose qui n’étoit point alors d’usage. D’ailleurs Galsuinde fut trouvée morte dans son lit peu de jours après avoir fait sa plainte : Frédégonde sa rivale eut sa place ; & les états n’en prirent point connoissance.

Les rois Francs n’avoient, à ce qu’on prétend, aucun droit de lever des impôts : chaque particulier payoit un tribut volontaire sur sa récolte, ou sur ses troupeaux. Les Gaulois ne payoient-ils donc aussi qu’un tribut volontaire ? Le champ de Mars, dit-on encore, fixoit les impôts nécessaires. Cependant le champ de Mars ne statua rien sur cet objet sous le règne de Chilpéric, qui mourut en 584, après

avoir tellement accablé d'impôts tous fes
fujets, qu'un grand nombre d'entr'eux
abandonnèrent leurs poffeffions : fur quoi
les hiftoriens obfervent que ce n'eft pas
que ces impôts aient été des nouveautés,
mais que ce monarque les avoit prodigieufement augmentés.

On cite une affemblée des feigneurs
d'Auftrafie & de Bourgogne en 610, fous
Théodebert & Thierri, & tenue à Seltz
entre Saverne & Strasbourg, pour y
décider le différend de ces deux rois au
fujet de l'Alface, du Sundgaw, de Turgaw
& d'une partie de la Champagne : mais
ce n'étoit qu'une affemblée extraordinaire
demandée par le premier, à deffein de
furprendre fon frère ; ce qui ne manqua
pas de lui réuffir ; car il l'y fit entourer de
troupes, contre la ftipulation expreffe d'y
venir avec peu de fuite : après quoi, il lui
fit figner ce qu'il voulut, fans que les fei-
neurs fe mélaffent de rien. Voilà ce que
l'on peut recueillir fur le gouvernement de

la France, avant les maires du palais. Où sont les loix fondamentales ? où sont même les loix ? *Les capitaines Francs avoient leur parlement*, dit M. de Voltaire ; la nation avoit au moins ses assemblées.... La nation ! qu'appelle-t-on la nation ? les Francs & peut-être seulement leurs chefs. Car on ne prétendra pas que les Gaulois aient été aggrégés à la nation, & admis à la jouissance des mêmes droits que les autres. La preuve en est claire : c'est qu'on leur laissa le droit romain, & qu'ils ne profitèrent point de la douceur de la loi salique. Les Arboriques eurent la loi ripuaire, en conséquence du traité par lequel ils se soumirent aux Francs : les Armoriques firent aussi leur traité, d'après lequel ils ne purent plus avoir, au lieu de rois, que des ducs soumis aux monarques des Francs : les Bourguignons conservèrent la loi gombatte, publiée par Gondebaud leur roi, vers 502. Les Visigots furent vaincus les armes à la main, & soumis sans aucune condition ou réserve, ainfi que les Gaulois d'Auftrafie ; de l'Ifle-de-France, &c. Ceux qui ne firent point de traités, n'eurent pas fans doute de conditions plus favorables que ceux qui s'étoient foumis volontairement : or ceux-ci ne furent point admis au Champ-de-Mars. Cette affemblée des états ne concernoit donc que les Francs, c'eft-à-dire, peut-être la quarantième partie de la nation, en fuppofant en tout vingt millions d'ames, dont cinq cents mille Francs, tant hommes, que femmes & enfans. Chacun des François aujourd'hui vivant doit donc fe dire qu'il y a quarante à parier contre un, que fes ancêtres n'ont point eu le droit de paroître au Champ-de-Mars, & de prendre connoiffance des affaires d'Etat. Je fais que les rois ont enfuite éteint toutes ces différences ; mais il faut reconnoître qu'on ne le doit qu'à leur fageffe & à leur faveur.

En 613, Thierri, en mourant, laiffa quatre fils : Clotaire II, Roi de Soiffons, voulant les dépouiller de la succession de leur père, gagna d'abord Arnoul & Pepin, les deux plus considérables seigneurs d'Austrasie, & Radon, maire du palais de ce même royaume : assuré de ces trois supports, il s'avança à la tête de son armée jusqu'à Andernac, place forte située sur le Rhin ; après quoi il remit l'affaire à la décision d'une assemblée des seigneurs de la nation : il avoit, dans cet intervalle, également songé à gagner le maire du palais de Bourgogne, nommé *Garnier*, lequel engagea les nations germaniques à retenir leurs troupes, & détermina les seigneurs Bourguignons à reconnoître Clotaire. En conséquence de toutes ces intrigues, les fils de Thierri, à l'exception de Childebert, dont on ignore le destin, furent livrés, ainsi que Brunehaut leur grand'-mère, à Clotaire II qui les fit tous périr. Il ne s'agit pas de demander où est, dans cet événement inique & cruel, le vœu des peuples &

des loix : on ne songeoit guères à con=
sulter les uns & les autres ; & très-certainement cette prétendue convocation
des seigneurs François n'est pas propre
à faire autorité, soit qu'on la considère
dans ses causes, dans ses chefs, ou dans
les suites qu'elle eut : mais cette affaire
est singuliérement notable ; parce qu'elle
est la vraie époque de la grande autorité
des maires du palais. Radon, maire d'Aus=
trasie, & Garnier, maire de Bourgogne,
avoient fait leurs conditions en se ven-
dant à Clotaire : ils avoient stipulé qu'ils
seroient confirmés dans leur emploi pour
le reste de leur vie ; de sorte qu'ensuite
ils gouvernèrent en rois plutôt qu'en mi-
nistres. Gondeland, maire du palais de
Neustrie, sut aussi se rendre nécessaire,
& obtenir la même récompense. Il n'y
avoit guères que cinquante ans que cette
charge existoit, si l'on peut nier l'existence
antérieure d'une charge si importante d'a-
près le silence des auteurs. Clotaire avoit

trop d'obligations aux maires & aux grands; il leur avoit trop accordé & trop promis, pour pouvoir les réprimer ensuite. Leur autorité s'accrut toujours plus : Dieu fit des maires *une punition à la royale*, dit Pasquier : tous ceux qui avoient concouru aux projets iniques & ambitieux de Clotaire, prétendirent au moins avoir acquis le droit d'exercer impunément toutes sortes de concussions : de-là les révoltes qu'on vit alors en Bourgogne. Clotaire assembloit souvent les seigneurs de ses états : il le falloit bien, puisqu'il étoit dans une si grande nécessité de les ménager, & qu'il leur avoit appris à se rendre redoutables. Ces assemblées que l'on nommoit *Placita*, d'où nous est venu le mot *Plaids*, étoient composées des évêques, des grands-officiers de la couronne, des ducs, des comtes, & des *farons* ou barons. Une des plus nombreuses qu'on ait vues alors est celle que ce monarque assembla vers 616 à Bon-

neuil fur la Marne. Comme il ne comp-
toit que foiblement fur leur fidélité, il
leur accorda tout ce qu'ils demandèrent,
& leur en expédia même des lettres. Les
maires s'apperçurent que ces affemblées
leur nuiroient; ils les abolirent; & elles
ne furent rétablies que par Pepin le
Gros. Les procès particuliers étoient jugés
par les évêques, les ducs, les comtes, les
centeniers & les commiffaires : on n'ap-
pelloit point de l'un de ces juges à l'autre :
il n'y avoit d'appel qu'au roi, qui rendoit lui-même la juftice à la porte de
fon palais. Quand il ne pouvoit s'y trouver, deux officiers maîtres des requêtes,
un comte juge, & quelques échevins du
palais, y recevoient les placets, & y
répondoient. Au refte les juges établis
dans tous les cantons du royaume n'a-
voient de commiffions que pour un
tems ; & il leur étoit interdit de faire aucune acquifition dans l'étendue de leur
jurifdiction. On voit que toujours on commence

mence par accorder peu à ceux qui les premiers occupent de nouvelles charges publiques, & qu'enfuite par négligence, par faveur, ou par néceflité, on leur laiffe acquérir des droits bien plus étendus. On trouve encore dans l'hiftoire du feptième fiècle, le premier concile national qu'il y ait eu en France. Il étoit compofé d'évêques, de feigneurs, & de vaffaux du prince : c'étoit une efpèce de champ de Mars, ou de plaid. Les conciles de cette efpèce furent enfuite très-fréquens ; & nous leur devons les capitulaires. Cependant ces mêmes capitulaires n'avoient force de loix, que par une ordonnance que le roi faifoit enfuite publier, & dans laquelle, en confirmant le concile, il en modifioit les arrêtés felon qu'il le jugeoit plus convenable. Le roi étoit donc au-deffus de ces conciles ou affemblées nationales.

Le nom de *champ de Mars* dut vieillir & vieillit en effet peu à peu, depuis qu'on fut cantonné & domicilié, & que chaque année nouvelle n'amena plus une nouvelle campagne : de - là les noms de *Plaids, Conciles, Parlemens*, qui y furent ensuite substitués. Ce fut dans une de ces assemblées, qu'on rédigea & qu'on mit par écrit le code des loix allemandes sous Clotaire. En 628, Dagobert envoya ses confidens les plus habiles en Bourgogne & dans la Neustrie, pour gagner les seigneurs & le peuple de ces deux royaumes, & recueillir toute la succession de Clotaire à l'exclusion de Caribert son frère ; ce trait & beaucoup d'autres prouvent que Clotaire, par ses traités secrets avec les maires & grands seigneurs, avoit fait une grande plaie à l'autorité royale ; puisque jusqu'à son règne, on n'avoit rien vu de semblable. Cependant Dagobert ne s'en repose pas entiérement sur cette intrigue : il avance à la tête d'une puissante armée jusqu'à Rheims, où il reçoit le serment de fidélité des évêques & feigneurs Bourguignons qui s'y étoient affemblés. La Neuftrie imita cet exemple ; & l'on forma pour Caribert le petit royaume d'Aquitaine. Dagobert voulut, après ce coup de politique, mettre un frein aux vexations des feigneurs : on le vit parcourir les provinces avec beaucoup d'appareil, écoutant les plaintes, & faifant par-tout une exacte juftice ; fur-tout en Bourgogne où les feigneurs, devenus autant de tyrans, défoloient le pays. Mais, foit inconftance naturelle, foit dégoût produit par les obftacles, ce roi ne foutint pas long-tems cet exercice : il fe livra au goût de la magnificence, & à fes paffions : il accabla fes fujets d'impôts : il ne refpecta pas même les biens de l'églife, que l'on refpectoit tant alors.

Ce fut Dagobert qui fit faire la collection des loix des différentes. nations foumifes aux Francs, telle qu'elle nous eft parvenue. On y voit que les feuls Romains

étoient affujettis aux impôts ; que les
grands emplois & les graces étoient ré-
fervés aux Francs ; que les premiers
rois n'avoient laiffé aux anciens habitans
que les deux tiers de leurs terres ; que
l'autre tiers avoit été diftribué aux vainqueurs ; de manière que la portion du
foldat étoit une annexe de celle de l'officier ; que celui-ci à fon tour ne poffé-
doit la fienne que fous la loi d'une
certaine fubordination à un chef fupérieur, qui lui-même ne jouiffoit que fous
l'autorité du roi. Ainfi tout relevoit du
monarque ; & les Gaulois devoient être
bien à plaindre, puifqu'ils étoient chargés d'impôts , tandis que la fortune de
chacun d'eux ne devoit être à-peu-près
que la vingtième partie de la fortune
d'un Franc , en fuppofant les deux tiers
du royaume diftribués entre vingt millions d'ames , & l'autre tiers partagé
entre cinq cents mille ames. Si vous m'ob-
jectez que les propriétaires Francs avoient

des fermiers, manouvriers, ferviteurs & confommateurs Gaulois; ce qui rendoit l'inégalité de fortune moins cruelle pour ces derniers; je vous répondrai que la fuite de notre hiftoire ne prouve pas que ces pauvres Gaulois aient été fort heureux, puifque nous y voyons que tous ou prefque tous font devenus efclaves, fur-tout dans les campagnes & les petites villes; & vous avouerez que l'état de fortune ou de partage qui réduit l'un à devenir efclave de l'autre, n'offre pas pour le premier une compenfation admiffible.

Depuis 638 jufqu'à 646, les Maires accrurent prodigieufement leur autorité, à la faveur de la minorité des enfans de Dagobert. Ces premiers officiers du roi élevèrent ces jeunes princes dans une honteufe inaction, les tinrent éloignés des affaires, rendirent la mairie héréditaire dans leurs familles; & préparèrent ainfi de loin la chûte entière de la mai-

S 3

fon de Clovis. Déja même en 654, Gri-
moald, l'un d'eux, effaya de faire monter fon fils fur le trône : mais c'étoit
vouloir jouir avant le tems : les grandes
révolutions ont befoin d'être ménagées
de plus loin : les Auftrafiens prirent les
armes, & livrèrent le père & le fils au
roi de Bourgogne. Cet exemple ne fut
pas fuffifant pour réprimer l'ambition des
maires : & on vit un Ebroïn porter les
injuftices, les vexations, la tyrannie jufqu'aux derniers excès où un monftre de
cruauté, d'avarice, de perfidie & d'orgueil puiffe atteindre. Alors les loix
n'eurent plus aucune vigueur : les révoltes
fe fuccédoient ; les rois légitimes étoient
dépofés, chaffés, oubliés, rappellés felon
le hafard des circonftances ou le caprice
du moment. Enfin Pepin fut déclaré duc
d'Auftrafie ; bientôt après, il fe fit déclarer maire du palais de Neuftrie & de
Bourgogne. C'étoit un grand mal que
l'elévation d'un particulier, au détriment

de la famille royale encore subsistante :
mais ce mal sembloit être devenu un remède nécessaire, ou du moins inévitable. Pepin montra qu'il méritoit cette
haute fortune, si jamais un sujet pouvoit la mériter : il fut doux & modéré ;
& néanmoins il parvint en peu de tems
à rétablir les évêques dans leurs évêchés,
les seigneurs dans leurs dignités, la
veuve & l'orphelin dans leurs droits, les
loix dans leur ancienne vigueur, l'ordre
dans les finances, la discipline dans les
troupes, la police dans le gouvernement :
il dompta successivement les Bavarois,
les Saxons, les Suèves & les Frisons : il
n'y eut que ses rois à qui il ne fit pas
justice ; mais il ne pouvoit la leur faire
qu'à ses dépens. On dira que ce sont les
seigneurs d'Austrasie qui l'ont fait leur
duc ? mais il s'est fait lui-même maire de
Neustrie & de Bourgogne : on dira encore qu'il a assemblé les états de Neustrie
pour arrêter les réglemens nécessaires à la

réformation des mœurs, à la défense de l'église, au soulagement des pauvres, à la protection des peuples : mais il n'attendit pas cette assemblée pour s'emparer de l'autorité publique; & il n'en demanda pas la confirmation. Seulement il fit ordonner au nom du roi, dans une des assemblées de son tems, que désormais à l'ordre du maire du palais, chaque duc eût à conduire, sans aucun retardement, les hommes qu'il devoit fournir en tems de guerre : c'étoit une irrégularité de plus.

Le pouvoir des maires alla toujours en croissant; & même l'on vit un maire du palais encore enfant, dans la personne de Théobalde, petit-fils de Pepin : c'étoit donner un enfant pour gouverneur à l'état, & pour tuteur au roi. Les grandes qualités guerrières de Charles-Martel, reconnu maire du palais, & élu par la force *duc* & *prince* d'Austrasie, achevèrent la révolution : ayant vaincu Hunauld, duc d'Aquitaine, il lui fit prêter serment de fidélité, non au roi Thierri, mais à lui duc d'Austrasie & à ses enfans. Il laissa le trône vacant durant six à sept années, pendant lesquelles il gouverna sous le nom de *duc des François*. Enfin, il assembla les seigneurs à Verberi, maison de plaisance près de Compiègne, & partagea le royaume de France entre ses enfans. Les seigneurs y consentirent, dit-on? qui d'entr'eux auroit osé en témoigner quelque mécontentement? C'est en vain que durant toute cette époque, on chercheroit une forme de gouvernement bien stable & des loix fondamentales. Les assemblées ou conseils, ou conciles, ou plaids, ou parlemens, se faisoient quand le roi ou le maire le vouloit. Il n'y avoit que ceux que l'on vouloit y appeller; on n'y traitoit que les matières qui leur étoient proposées; & enfin le résultat & les décisions étoient forcément telles qu'on les demandoit. Une des mieux connues de ces affemblées, fut celle de Valenciennes en 693. Clovis III y préfida, revétu de fes habits royaux : après lui venoient douze évêques ou feigneurs ayant le titre d'*illuftres*, enfuite huit autres appellés *comtes*, huit *grafions* ou magiftrats pour les affaires de finance, quatre *domeftiques* ou gouverneurs des maifons royales, quatre *référendaires* chargés d'appofer le fceau du roi aux actes publics, quatre *fénéchaux*, officiers fubordonnés au maire, le comte du palais & le chancelier. Pepin n'y eft point nommé, parce qu'apparemment il étoit occupé alors à quelque expédition. Cette lifte prouve que de fiècle en fiècle il y avoit quelque nouvelle charge, & que ceux qui en étoient revêtus, affiftoient à ces affemblées, dès que le fouverain le leur permettoit ; de forte qu'il n'y avoit rien de bien fixe vers la fin de cette dynaftie fur le droit d'y entrer.

Je vous engage, Monseigneur, à

fuivre ainſi l'hiſtoire de France, ſelon l'ordre des époques que j'ai indiquées. J'obſerverai ſeulement que l'influence des grands dans les affaires du gouvernement ayant été fort affoiblie par les maires, ceux-ci devenus rois & ſentant le beſoin de s'attacher la nation, ne manquèrent pas de rétablir les ſeigneurs dans l'uſage de prendre connoiſſance de tous les objets de la police : cependant pour ne pas tomber dans le défaut des Mérovingiens qui avoient trop laiſſé prendre d'autorité aux maires ; les Carlovingiens augmentèrent le plus qu'ils purent le nombre de ceux qu'ils admettoient aux conciles ou placites ; en ſe réſervant néanmoins dans les commencemens ſurtout, ce qui concernoit la guerre. De-là tant d'aſſemblées générales ſous cette ſeconde Dynaſtie ! on imaginoit pouvoir de la ſorte poſer des fondamens plus ſolides & plus difficiles à ébranler que les premiers. Mais dans les grandes ſecouſſes, on paſſe d'un choc à un autre choc, d'un excès à un autre excès. Les héritiers de Charlemagne ne tardèrent pas à découvrir un écueil auffi grand que celui qu'il avoient voulu éviter. La trop grande autorité d'un feul officier avoit perdu la première Dynaftie : la trop grande autorité des feigneurs, réunis en corps, perdit la feconde. La première de ces deux révolutions fubftitua une autre monarchie à la monarchie primitive. La feconde révolution changea la monarchie françoife en une forte d'ariftocratie, qui fut informe, à caufe de l'ignorance & des mœurs du tems, & qui fut cruelle, parce que la nature de toute Ariftocratie eft d'être telle. Peu à peu les rois de la troifième race nous ont enfin ramenés à la monarchie, comme on le dit ailleurs, & comme tout le monde fait.

En réfumant ce long tableau hiftorique, vous verrez par le réfultat que fous les trois races de nos rois ; nous pouvons

diftinguer fucceffivement, mais à une grande diftance l'une de l'autre, quatre formes
bien différentes, dont l'une a lentement
& peu à peu pris la place de l'autre. 1°.
Les affemblées nationales n'étoient compofées que des francs; c'eft-à-dire, de l'armée où n'étoient admis que des francs;
comme on ne vivoit que du butin que
l'on faifoit, & que ce butin fe partageoit
en différentes parts, plus ou moins fortes
felon le mérite & le grade des perfonnes,
il falloit tous les ans s'affembler pour fe
mettre en campagne, & recueillir de quoi
procéder à de nouveaux partages ; il eft
du moins inconteftable que c'étoit là le
premier & principal objet de ces fortes
d'affemblées ; quoique d'ailleurs je con-
vienne qu'on y traitoit fouvent & accidentellement des autres chofes, propres à
intéreffer cette nation armée. Lorfque la
nation des francs partagea enfin, non plus
feulement les fruits, mais les fonds mêmes;
lorfqu'elle devint fédentaire, on eut en-

core pendant quelque tems des guerres
à soutenir contre les ennemis ou les voisins, de nouvelles terres à conquérir & à
partager; l'on continua donc de s'assem-
bler, d'autant plus que les portions de
terres précédemment accordées à chacun
pour l'année, sous le titre même des
grades divers établis dans l'armée, devant
être accordées de nouveau pour l'année
suivante, & ces portions variant selon les
grades comme les grades eux-mêmes va-
rioient journellement pour les personnes
selon le mérite & l'ordre reçu; il falloit
bien pourvoir chaque année à ces divers
accidens. Telle est la juste idée qu'on
peut se faire du *champ de mars*. Dans leur
origine les gaulois ou romains, gouvernés par la loi romaine, ne faisant point
partie de cette nation conquérante,
n'étoient point admis à ces grades, à ces
partages, à ces assemblées : ils étoient les
vaincus, & c'étoit toujours à leurs dépens
qu'on partageoit, surtout dans les pre-

miers tems de cette monarchie, & avant
que les Gaulois fuſſent parvenus peu à
peu & en petit nombre, à ſe faire incor-
porer en quelque ſorte dans le corps des
Francs, & à pouvoir en adopter la loi.
Or ces Gaulois formoient vingt millions
d'ames environ, contre peut-être cinq
cent mille ames ; c'eſt-à-dire, comme je
l'ai déja obſervé tout à l'heure, quarante
contre un ; & comme après tant de ſiècles,
il eſt ſi peu de perſonnes entre nous qui
puiſſent établir ou prouver leur véritable
généalogie depuis Clovis ; il faut, je le
répète, que chacun ſe-diſe franchement
qu'il y a quarante à parier contre un qu'il
n'auroit aucune part au champ de mars
s'il exiſtoit encore ; que loin d'en retirer
quelque avantage, il ne pourroit qu'y
perdre ; qu'en un mot il n'a aucun droit
à reclamer à cet égard.

2°. Cependant le champ de mars
tomba peu à peu en déſuétude à meſure
que l'on eut moins de motifs d'aſſembler

ainsi l'armée ; à mesure que cette armée devint nation bien établie ; à mesure que les vainqueurs se raprochèrent des vaincus, & se confondirent avec eux ; à mesure surtout que dans chaque canton, le chef de chaque famille parvint à garder pour la vie & à titre de *bénéfices* , les mêmes terres qui auparavant avoient été assignées chaque année en qualité de parts attachées aux grades : car je ne parle point de quelques autres terres qui avoient pû être attribuées à chacun comme patrimoine , soit sous le titre d'alleu , soit sous quelque autre titre que ce soit. Mais alors les maires du palais acquirent la prépondérance dont nous avons parlé ; ils retinrent leurs rois dans une entière inaction : ils se firent des créatures ; ils s'emparerent du trône ; & pour ne pas tomber dans le même piége où ils avoient conduit leurs maîtres, ils substituèrent un conseil à la place des maires du palais ; ils partagèrent leur confiance entre les grands; ils admirent

rent qui ils voulurent dans les affemblées de nouvelle efpèce qui réfultèrent de ce plan. Tel qui n'avoit pas été des affemblées précédentes, fe trouve dans la lifte de l'affemblée de telle année ; y avoir été appellé une ou plufieurs fois n'étoit pas un titre pour y être toujours : à mefure que l'on créoit une nouvelle grande charge dans l'état, le titulaire prenoit féance, felon l'ordre du roi, avec les autres grands feigneurs : le nombre des perfonnes ad- mifes à ces confeils, à ces conciles, à ces placites ou cours pleinières n'étoit pas fixé ; & tout dépendoit de la volonté du fouverain : c'étoit des affemblées de nota- bles , convoqués pour donner leurs avis & rien de plus. Il eft donc encore vrai que perfonne aujourd'hui ne peut être fondé à réclamer aucun droit, à former aucune prétention à ce fujet. Obfervez qu'il ne s'agit pas de démarches, de pré- tentions, d'entreprifes hafardées par l'am- bition & l'intérêt dans des circonftances

T

plus ou moins critiques , plus ou moins heureuses : il s'agit d'un droit régulier & foutenu, & des faits les plus conftans ou les plus ordinaires.

3°. On reconnut que ce corps de grands feigneurs tendoit à fe perpétuer , à fe faire des titres dangereux de ces mêmes honneurs qu'ils avoient d'abord gratuitement reçus ; en un mot , à établir dans le royaume une *ariftocratie de nobles* très-dangereufe. Dès lors on réfolut d'abattre ce coloffe redoutable , & faute d'autres moyens auxquels on osât recourir ; on prépara peu à peu, & l'on établit enfin le *tiers-état* & les *états généraux* : ainfi l'on oppofa la *démocratie* à *l'ariftocratie.* Je demande encore s'il eft un citoyen qui puiffe avoir , contre la volonté du roi, quelque droit de demander ces *états-généraux*, ou d'y affifter, puifque dans leur origine & dans leurs progrès , les époques de leurs convocations, les matières fur lefquelles ils ont délibéré , la forme même des élections & des délibérations, tout en un mot a toujours dépendu de la volonté du roi.

4°. Les parlemens sédentaires nous offrent la quatrième forme : je n'en dirai ici rien de plus que ce que j'en ai déja dit; d'autant plus que tout le monde la connoît.

Il est évident que les *états-généraux*, créés sous la troisième race ne sont en aucune manière les représentans, ni les héritiers des assemblées féodales & *aristocratiques*, existantes principalement sous la seconde race ; comme les uns & les autres ne sont & ne peuvent être en aucune sorte les héritiers du champ de mars : aucune de ces quatre formes en un mot n'a été nantie des titres & droits des autres : elles se sont suivies, mais non établies l'une & l'autre ; toutes ont eu une existance, une origine, des causes & des motifs différens ; & chacune d'elles a son caractère particulier essentiellement indépendant des caractères des trois autres.

Tous ces faits font fi bien prouvés par
l'hiftoire, que jamais on n'a pu les attaquer que par des menfonges hardis, ou
par des erreurs groffières ; & je ne crains
pas que vous qui cherchez la vérité de
bonne foi , & qui avez l'efprit fait
pour la fuivre au milieu de tous les
fophifmes que la prévention & l'intérêt
peuvent imaginer, vous trouviez jamais à
y oppofer aucune preuve ; & j'ofe même
vous propofer à cet égard un défi.

Je défie de me prouver par des actes
clairs & authentiques que jamais les corps
divers dont nous venons de parler, aient
partagé l'autorité légiflative , qu'ils aient
eu quant à la légiflation d'autres devoirs
à remplir que ceux des perfonnes que l'on
confulte : je défie que l'on puiffe me
tracer les véritables formes, droits & fonctions de ceux qui compofoient le champ
de mars, autrement que par des préfomp-
tions ou des généralités vagues qui ne
prouvent rien : je défie enfin que l'on

puisse vraiment établir que *l'aristocratie parlementaire* soit propre, ou destinée, ou autorisée à remplacer la *démocratie nationale*, connue sous les rois de la troisième race, ou *l'aristocratie noble* établie sous les Carlovingiens, ou enfin la *démocratie militaire* des Mérovingiens.

2°. Quelles raisons de préférence pourroient nous déterminer à l'une de ces époques plutôt qu'aux autres ? car enfin le gouvernement a toujours changé avec elle. On cherche des loix fondamentales : il faut donc les trouver établies dès la première de ces époques ? il faudroit même qu'elles eussent été maintenues sous toutes les autres. Sans cela j'appellerai *loix fondamentales* toutes les loix qui auront été en vigueur seulement durant l'époque choisie, quoiqu'elles aient été auparavant inconnues, ou abolies ensuite : sur ce dernier plan tout deviendroit *loi fondamentale*, ce qui est absurde : en admettant les deux conditions que la loi, pour être *fonda-*

mentale, doit être établie dès la première race , & conservée jusqu'à présent, nous n'aurons plus alors de *loix fondamentales*.

Cependant il faut bien que chaque gouvernement en ait : car celui qui n'en auroit point, n'auroit ni forme ni caractère. Où donc faut-il aller les chercher ? A quels traits les reconnoîtra-t-on , de manière à les distinguer de toutes celles qui ne font que des loix de circonstances, de détails, de tems & de lieux ? de toutes parts, vous rencontrerez des difficultés infurmontables , vous risquerez de tomber dans quelque absurdité, tant que vous ne chercherez pas les loix fondamentales dans la nature & l'essence du gouvernement, & les loix de détails dans ce qui est accidentellement le plus utile à la nation. En prenant ce dernier parti, vous abandonnerez les discussions & recherches historique, au moins pour les loix de la première forte. Je ne dis pas néanmoins qu'il faille sans nécessité ou de fortes raifons abandonner les loix exiftantes quand elles font bonnes : vous vous rappellerez au contraire combien je penfe que les loix anciennes ont généralement d'avantages fur les loix nouvelles, furtout en ce qui concerne les principes conftitutifs d'un état.

3°. Le peu que nous connoiffons du gouvernement intérieur, des loix, & de la police de nos peres, ne doit pas nous faire regretter ce gouvernement ou défirer d'y revenir. Un certain nombre de perfonnes nobles ou libres qui étoient autant de guerriers fanguinaires, de vainqueurs farouches & de tyrans cruels; une foule innombrable d'efclaves attachés à la terre, rempans fous le joug de ces maîtres barbares, & dépouillés de tous leurs droits & de leurs biens, fans aucun refuge, fans aucun fecours contre l'oppreffion : voilà l'état d'où il faut partir en commençant à lire notre hiftoire. A mefure qu'on avance, on voit les chofes s'améliorer peu à-peu ; & quelquefois retomber dans la première confufion ; jufqu'à ce qu'enfin des efforts heureux & foutenus aient produit le gouvernement fous lequel nous vivons. Or, à mefure que l'on s'approche de la perfection & du bonheur, ne feroit-ce pas un vrai délire, que de regretter les maux dont on eft délivré, & les vices dont on a tant fouffert ?

4°. En fuppofant même que tout ce que nous avons dit jufqu'à préfent ne foit pas fondé ; en fuppofant que l'ancien gouvernement foit bien connu, & qu'il ait été bon & utile dans le tems où il a eu lieu ; s'enfuivroit-il qu'on dût encore le conferver aujourd'hui & dans tous les tems à venir ? Les intérêts des nations changent ainfi que leurs mœurs. Toutes les nations de l'europe font entr'elles comme les corps céleftes entr'eux : elles exercent l'une fur l'autre, une impulfion à laquelle on ne peut réfifter : c'eft un des tourbillons du célèbre Defcartes. Comment un corps particulier peut-il réfifter au mouvement général ? & s'il le pouvoit, le devroit-il ? A chaque fiècle ces nations ont entr'elles de nouveaux rapports, de nouvelles *conjonctions*, de nouveaux *afpects*, pour me fervir des termes aftronomiques. Les efprits s'éclairent, les goûts fe portent vers de nouveaux objets; c'eft une autre fphère : il faut abfolument qu'il en réfulte de nouvelles loix ; & la monarchie qui voudroit fe refufer à cette néceffité, fe perdroit elle-même par les avantages que les autres peuples auroient bientôt fur elle, ainfi que par fa propre barbarie : car c'eft être barbare, que de n'être ni de fon pays, ni de fon fiècle dans les chofes où notre avantage le plus effentiel demande que nous fuivions l'exemple des autres. (*)

Le Duc. Vous êtes bien ennemi de tous les gouvernemens mixtes ?

––––––––––––––––––––––––––––––––

(*) En ce cas, nous fommes encore bien barbares, & nous avons encore beaucoup à réformer. On lit dans un difcours fur l'état actuel de la Jurifprudence françoife, imprimé

FÉNÉLON. Je fuis ami dans la pratique, de tous les gouvernemens qui exiftent, parce que je fuis ami de la paix & de la tranquillité publique. Mais, dans la théorie, lorfque je me mets à calculer les avantages & les inconvéniens de toutes les formes de gouvernemens que nous pouvons connoître, je vous avoue que ma raifon penche toujours en faveur des formes les moins compliquées. La crainte

chez *Simon*, imprimeur du parlement, compofé par un avocat général, & prononcé à l'ouverture des audiences ; on y lit, dis-je, ces paroles dictées par le patriotifme le plus éclairé.... « Que dira la poftérité, lorfque fa curiofité » éveillée par notre gloire, après avoir recueilli nos arts » & nos connoiffances, recherchera notre jurifprudence ? » que penfera-t-elle, lorfqu'au lieu d'un code général & » uniforme, elle ne verra qu'un amas d'opinions diverfes, » lorfqu'elle verra un feul Peuple, un feul légiflateur, & » deux cents quatre-vingt-cinq codes differens ? »...Dans ce difcours favant & éloquent les défectuofités de toutes les parties de notre jurifprudence font démontrées avec une noble hardieffe ; & l'on y prouve que le feul remede convenable, feroit un code général de loix uniformes pour tout le royaume.

(Note de l'éditeur.)

des abus, & le defir d'établir des contre-
poids, peuvent feuls faire rechercher les
formes mixtes : mais, 1°. quelles précautions peuvent empêcher les abus,
dès qu'il s'agit de grands intérêts con-
fiés à des hommes ? N'eft-il pas dans la
nature humaine, vu nos paffions, notre
ignorance, nos préjugés & nos foibleffes,
de pouvoir abufer de tout ? 2°. Peut-on
imaginer des contre-poids bien réels, qui
ne foient pas plus nuifibles qu'utiles ?
En effet, fi l'autorité du monarque eft
affez ménagée pour pouvoir emporter la
balance, les contre-poids ne feront réels
qu'en ce qu'ils retarderont le bien, &
deviendront une furcharge pour l'état. Si,
au contraire, ces contre-poids équivalent
à la force monarchique, il ne pourra en
réfulter qu'un état d'inaction & d'im-
puiffance des deux parts : vous aurez
alors deux athlètes d'égale force, qui,
balançant parfaitement leurs efforts réciproques, refteront dans une inaction

abſolue ; le parfait équilibre ſeroit un état de mort, ſi heureuſement dans le monde phyſique, comme dans le monde moral, ce n'étoit pas une chimère. Si enfin la puiſſance royale étoit la plus foible des deux puiſſances, elle ſeroit bientôt nulle ; & dès-lors je n'y verrois plus qu'un grand fardeau pour la nation.

Et comment pourroit-on former une monarchie mixte ? Ce ſeroit néceſſairement en y adaptant des corps *ariſtocratiques*, ou des corps *démocratiques*, ou les uns & les autres enſemble. Joignez des corps *ariſtocratiques* à la monarchie, le peuple ſera malheureux & eſclave ; voyez la Pologne ! joignez-y les corps *démocratiques*, bientôt la monarchie ſera nulle, la nobleſſe anéantie, & la nation entraînée dans tous les abîmes par les cabales & les diſſentions. Le peuple ſera ſéduit ou trompé : la maſſe même du corps ſera une ſource intariſſable de confuſion, de déſordre & d'anarchie.

Entourez le monarque de tous ces corps d'efpèces contraires , vous ne ferez que réunir tous les maux. Vous me citerez l'Angleterre? mais confidérez donc que la puiffance de l'Angleterre vient bien plus de fa pofition & de fon climat, que de fa conftitution.

Suppofons une affemblée de tout le royaume : forcera-t-on le roi à propofer aux délibérations communes d'autres matières que celles qu'il voudra propofer? Il ne fera plus roi. Pourra-t-on le forcer à fouffrir des recherches qu'il n'aura pas propofées ? Il ne fera plus roi. Aura-t-on le droit d'exiger de lui des loix qu'il n'approuvera pas , ou de rejetter des loix qu'il approuvera ? Il ne fera plus roi ! En un mot chaque pas que l'on fera contre fon autorité , contribuera à le rendre inutile à la nation , en le réduifant à l'inaction. Vous ne rencontrerez jamais que des abîmes en voulant, dans une monarchie, admettre autre chofe que la monarchie même. En un mot, le gouvernement le plus parfait à mes yeux, c'est le gouvernement paternel, présentant d'une part le desir de faire le bien, & de l'autre celui d'y coopérer ; d'une part l'obéissance & le respect, & de l'autre la justice, la sagesse & la modération ; & par-tout la confiance & l'amour ! Vous chercherez en vain hors de la vraie monarchie un tableau aussi parfait, une forme de gouvernement aussi heureuse !

Le Duc. Cependant nous voyons que parmi les bons esprits, il y en a beaucoup, & peut-être le plus grand nombre, qui préferent les gouvernemens mixtes à la monarchie absolue.

Fénélon. Il est dans le caractère toujours inquiet de l'homme, vu la foiblesse de son esprit, le peu d'étendue de ses connoissances, la fougue de son imagination, & l'insatiabilité de ses desirs, de douter toujours que le bien qu'il a, puisse être le mieux pour lui ; de supporter avec peine les maux inféparables de fon état, même ceux qui font le plus compenfés par les avantages réels dont il jouit ; de ne voir les objets dans le lointain que fous des images féduifantes & trompeufes ; de fe fentir involontairement attiré par la curiofité vers des objets nouveaux ; & enfin de fe faire illufion jufqu'à fe perfuader que le bien qu'il a depuis long-temps n'eft plus un bien ou qu'il eft très-mince, & que le mal qu'il n'a jamais eu n'eft pas un mal ou qu'il eft très-tolérable. Quel eft le malade aux yeux de qui fes douleurs & fon état ne foient pas les douleurs les plus cruelles, & l'état le plus trifte ? Quel eft l'homme fain & robufte qui fonge à remercier Dieu de fa fanté ? Il en jouit, il en abufe en ingrat !

Ce font ces difpofitions fi naturelles à l'homme, & cependant fi trompeufes, qui doivent nous retenir dans la méfiance contre les opinions des autres hommes :

nous devons, pour ne pas être dupes de leurs erreurs, écouter & suivre leur raison & non leurs goûts, consulter leur logique & non leurs passions.

Cette maxime peut s'appliquer à tous les objets qui intéressent l'homme. Ne l'appliquons qu'à la religion & à la politique.

1°. Voyez ceux qui semblent avoir le plus hardiment secoué le joug de la religion ! tous s'accordent dans les objections qu'ils ont à opposer au dogme & à la morale : mais, au lieu de leur répondre, demandez-leur le système de leurs opinions, le système qu'ils admettent : vous verrez que la plupart n'en ont point, & que parmi ceux qui sembleront en avoir un, vous n'en compterez pas trois qui aient le même. Comment pourroient être de quelque poids à mes yeux les déclamations de ceux qui n'ont aucune tenue, aucun plan dans l'esprit ? je n'y puis voir que des esprits égarés, & livrés au délire de l'imagination.

2°. Je dirai la même chose de ceux qui accumulent les objections contre un gouvernement, sans pouvoir y substituer un cadre de société plus parfait. Les fous sont admirables pour détruire, & par cela même ils se croient de grands hommes! mais il n'y a que le sage qui puisse ordonner un bâtiment solide & convenable. Entre mille personnes même fort instruites qui semblent préférer les gouvernemens mixtes, il n'y en a pas deux qui soient capables d'en tracer ou d'en saisir le plan : ainsi, ne voyons parmi ces mécontens que ce qu'il y a, beaucoup d'esprits inquiets, & peu de personnes réfléchies; mais ces dernières feront toujours les plus faciles à convaincre & à ramener.

Le Duc. Cependant le bon sens n'est-il pas fait pour tous les hommes; & si cela est, doit-on être si prompt à rejetter l'opinion du plus grand nombre

V

dans la difcuffion d'une chofe qui inté-
reffe fi vivement tout le monde ?

FÉNÉLON. Le bon fens ou le fens
commun varie felon les perfonnes, finon
quant au fonds, du moins quant à l'é-
tendue des objets qu'il embraffe : car
ce qui eft déja efprit pour l'un, n'eft
encore que fens commun pour fon voifin ;
le génie de Newton feroit bien au-deffous
du fens commun d'un ange, fi les anges
avoient dans leurs facultés intellectuelles
des variations analogues à celles qui par-
tagent les hommes en tant de claffes.

Cependant, comme nous fommes
obligés de préfenter ce qui eft le plus
ordinaire fous la forme d'une règle générale, il y a une certaine étendue d'efprit, une certaine capacité de raifon que
l'on peut & que l'on doit regarder comme
formant le domaine du fens commun ; &
en fuivant toujours le même principe de
prendre pour règle générale ce qui eft
plus ordinaire, on dira de l'homme in-

tellectuel ce que Pythagore difoit de l'homme moral.

La vie de l'homme, difoit ce philo-fophe, reffemble à un y grec, en ce que tous fuivent la même ligne, la même route jufqu'à l'âge viril, où cette ligne fe fourche, comme l'y grec, en deux branches, dont l'une conduit au vice, & l'autre à la vertu. Difons de même que la raifon humaine, partant des no-tions les plus fimples, & s'avançant dans le pays des combinaifons réfléchies, n'a qu'une même ligne à fuivre jufqu'à une certaine hauteur où cette ligne fe fourche en deux autres lignes, dont l'une con-duit aux chimères, aux erreurs, aux illu-fions, tandis que l'autre éleve l'homme aux découvertes réfervées aux grands gé-nies. A mefure que l'objet fur lequel on raifonne fuppofe plus de connoiffances, exige plus de contention d'efprit, em-braffe plus de détails, le nombre de ceux pour qui la difcuffion de cet objet eft

encore du reſſort du ſens commun , eſt
toujours plus petit. En ce cas, combien
croyez-vous pouvoir compter de perſonnes
qui aient le droit de réclamer le ſens
commun, lorſqu'il s'agit de comparer les
gouvernemens? Les prétentions ſont grandes, ſans doute ! mais qu'elles ſont loin
d'établir des droits ! Laiſſons donc de
côté les opinions d'autrui ; & , pour
remplir notre tâche, bornons - nous à
recueillir ce que l'étude & la raiſon
peuvent nous offrir de plus ſûr, de plus
vrai, de plus juſte & de plus ſimple.

I Vᵉ. Q U E S T I O N.

Quels égards le ſouverain peut-il avoir
pour les prétentions des anciens corps ?

Il n'eſt pas aiſé de décider juſqu'où
pourroient aller les prétentions que nous
avons à examiner ici : elles varient ſelon
les occurences ; mais on peut, je crois,

fuppofer fans aucune exagération que, fi ces corps anciens trouvoient quelque circonftance qui leur parût bien favorable, ils porteroient leurs vues fort haut ; & il n'y a pas d'injuftice à leur imputer celles qu'ils ont laiffé voir jufqu'à préfent , quoiqu'en différentes occafions, & feulement par parties. Quelle riche moiffon nous offre ici l'hiftoire de tous les fiècles , de toutes les nations ; & dans l'hiftoire de chaque nation , celle de tous les corps publics, fi on vouloit les examiner & les fuivre féparément ? Mais quel feroit le réfultat de ce travail? de former un grand tableau qui ne ferviroit qu'à nous prouver ce que perfonne ne fonge à nier. Au lieu d'établir par tant de faits entaffés que les corps ainfi que les hommes ont leurs périodes de maladies & de fanté , de vertus & de paffions, en un mot de force & de foibleffe, ne vaut-il pas mieux nous occuper des moyens de les maintenir dans leur état de perfection, & de leur affurer la jouiffance de leurs droits ? Le fouverain doit connoître toutes les prétentions des corps, & cependant n'en jamais parler : il doit favoir tout ce que l'hiftoire peut offrir à cet égard de faits publics ou fecrets, & cependant paroître n'y jamais penfer : il doit étudier les circonftances qui ont enhardi à former des prétentions exagérées, & les motifs qui ont porté à les produire, & cependant avoir l'air de n'y pas croire : il doit diftinguer celles qui font fondées, juftes & utiles, & les avouer fans en faire des loix fondamentales, les maintenir comme fruits de fa fageffe & de fa bonté ; il doit s'exercer à préffentir celles que l'ambition ou d'autres caufes pourroient reproduire .dans l'époque de fon règne ; il doit prévenir ces fortes d'explofions toujours fâcheufes, en un mot s'occuper effentiellement de cette branche d'adminiftration importante, fans jamais témoigner qu'il fe méfie de ceux qu'il emploie, & qu'il craigne rien de ce qu'il cherche à empêcher.

Mais si malgré tous ses soins, les événemens, plus forts que lui, donnent lieu au développement de quelques - unes de ces prétentions funestes à son autorité & contraires à la constitution monarchique ; si les corps, soit à la faveur des prérogatives qu'ils ont déja obtenues, soit par l'appui d'autres corps qui les soutiennent, soit en conséquence des services qu'ils ont rendus, des services qu'ils rendent encore, ou du besoin que l'on a d'eux, viennent à se livrer à des vues aristocratiques ou républicaines, à des vues qui tendent à changer, altérer ou embarrasser la forme du gouvernement, ou seulement à procurer aux uns des priviléges, des indemnités injustes & nuisibles aux autres ; dans tous ces cas & autres semblables, je pense que le souverain doit se hâter d'opposer, de la manière la plus efficace, toute la fer-

V 4

meté d'un père aux corps qui fe feroient laiffé féduire. Sans doute il ne doit pas traiter fes enfans en ennemis ; mais il ne faut pas que les uns foient dotés au détriment des autres : il ne faut pas qu'ils faffent la loi à leur père commun, ni même à leurs frères ; en un mot que le père de l'état y maintienne la juftice, l'ordre & la paix. Son cœur lui fera toujours defirer de punir le moins qu'il fera poffible ; mais cependant un père punit quand il le doit ; il punit même avec févérité quand il eft néceffaire, & cette néceffité s'y trouve quand fon autorité eft compromife, & que le bon ordre eft troublé dans la famille par des fujets féduits ou cabaleurs, inquiets, indociles & opiniâtres.

Revenons à une maxime effentielle, qui concerne le maintien des corps de l'état ainfi que des autres objets d'ordre public. Un des plus grands malheurs pour une nation qui a l'avantage de pouvoir appuyer fa conftitution fur une bafe antique, c'eſt-à-dire, ſur des loix anciennes, ce ſeroit (je l'ai déja dit) de renverſer cette baſe pour y en ſubſtituer une nouvelle ſans la néceſſité la plus abſolue ou la plus importante. Il faut ſe méfier de l'amour du changement , de cette inquiétude propre aux eſprits vifs & légers , qui perſuade que ce que l'on n'a pas , vaudroit mieux que ce que l'on a. J'ai vu des perſonnes qui ſe livrant plus à l'eſprit d'enthouſiaſme qu'à celui de réflexion, prétendoient que ſi nos parlemens avoient la même autorité qu'en Angleterre , nous ſerions gouvernés comme les anglois, & que nous en ſerions beaucoup plus heureux.

L'anglomanie ſemble vouloir gagner en France ; ainſi cette opinion pourroit faire des progrès & avoir des ſuites. Voyons donc ſi nous ſerions mieux gouvernés de cette ſorte, que nous ne le ſommes ; & en ſecond lieu, ſi c'eſt bien là l'eſpèce de gouvernement que produiroit ce ſyſtême en France.

Quant au premier point, je ne pourrois pas le difcuter fans rentrer néceffairement dans l'examen des principes & des loix que j'ai pofés : ce feroit une redite. Je me contenterai donc d'obferver que les rois d'Angleterre, s'ils font un peu adroits, ne parviennent pas moins à leur but, quoiqu'ils foient gênés par le parlement national : ils n'ont pour cela qu'à gagner les voix ; ce qu'ils font même quelquefois fi publiquement, que tout le monde en eft inftruit, & qu'on en fait le tarif. Or, la façon de gagner les voix, qui eft la plus commune & la plus commode, ainfi que la plus sûre, c'eft de les payer ; & qui eft-ce qui les paye, fi ce n'eft le peuple ? Le roi fait donc également ce qu'il veut ; & ce que la nation y gagne, c'eft que les grands fe laiffent corrompre lorfqu'ils font en parlement ; que les grands corrompent le peuple, quand ils veulent être élus députés de quelque canton ; & qu'enfin la nation payera deux millions au fouverain au lieu d'un ; un million pour les objets qu'il a en vue , & un million pour l'achat des voix. Double impofition, & corruptions des mœurs, fans compter beaucoup d'autres inconvéniens : eft-ce là de quoi exciter l'envie des autres nations ? On me dira que ce fecond million paffant des mains du fujet dans celles du fouverain , enfuite de celles – ci dans les mains des membres du parlement pour retourner à leur première fource , n'eft point un mal pour la nation ; que c'eft au contraire un bien , puifqu'il augmente le fond de la circulation ? Ce raifonnement eft captieux , mais il eft faux..... Un anglois veut être élu membre du parlement ; il épuife fes terres , & fe charge de dettes, fouvent pour donner des fêtes à fes electeurs , & femer l'argent parmi eux : cet argent paffe en partie dans les pays étrangers pour les vins & les liqueurs qui fe confomment alors. Le Roi diftribue enfuite une portion confidérable des deniers publics au parlement : cette portion ne retourne pas toujours au profit des terres que l'on a épuisées : combien n'en dépense-t-on pas pour les objets de luxe, & qui tournent encore au profit de l'étranger ? Cependant ce n'est pas de l'étranger que le roi l'a eu : c'est du sol de son royaume & de l'industrie de ses sujets.

D'ailleurs toute circulation d'argent est-elle bonne ? en ce cas, la prodigalité seroit utile à l'état !... Il faut bien se garder d'admettre trop légèrement des systêmes aussi pernicieux. Tout ce qui est hardi & neuf n'est pas pour cela vrai ou convenable ; & il n'est pas vrai que toutes sortes de circulation produisent les mêmes effets : il y a en ceci, comme en mille autres choses, des routes fausses, des veines isolées, des canaux qui ne communiquent point avec le reste de la machine, ou qui n'y communiquent que très-peu & de fort loin : cette vérité est très-féconde & bien importante ; mais on la néglige trop dans l'examen des syftêmes de finances. Quelle liaifon, par exemple, peut-on trouver entre le goût défordonné du luxe & des beaux arts, & l'intérêt des cultivateurs ? Les artiftes & ceux qui travaillent pour le luxe, étant bien payés, pullulent & fe multiplient au détriment de la culture : ce qu'il y a de trop d'un côté manque toujours de l'autre. La terre produit moins, c'en eft une fuite néceffaire.... Mais ces artiftes confomment les denrées du cultivateur & l'enrichiffent ?... Les denrées auroient pu être vendues à l'étranger ; ce qui auroit par conféquent mieux valu que de les laiffer confommer dans une capitale. Ce trop grand nombre d'artiftes auroit donné de bons bras à la campagne, & auroit par conféquent augmenté la portion des denrées que l'on auroit eu à tranfporter. Les riches propriétaires auroient employé en dépenfes foncières ce qu'ils ont diffipé en objets de luxe ; & combien la terre & la nation n'y auroient-elles pas gagné? Toutes les fortes de dépenfes ne font donc pas également avantageufes à l'état ; toutes les voies de circulation ne font pas également bonnes ; enfin le gouvernement anglois n'a rien, dans fa forme conftitutive & générale, que nous devions envier.

Mais eft-ce donc bien là le gouvernement qui réfulteroit des prétentions de nos enthoufiaftes ! Le parlement en Angleterre ne peut pas durer plus de fept ans ; les nôtres font perpétuels. Pour être deux fois membre du parlement d'Angleterre, il faut être élu deux fois : chez nous quiconque a été admis dans ce fanctuaire y eft pour toute fa vie. Là on eft élu par les citoyens ; ici on eft nommé par le roi ; d'où il fuit que là on eft homme de la nation & fon repréfentant, & qu'ici on eft homme du roi & fon organe ; enfin en Angleterre, il n'y a qu'un parlement, au moins pour chaque royaume; & encore ceux d'Irlande & d'Ecoffe font dépendans en bien des points de celui de Londres; au lieu qu'en France, nous en aurions au moins une douzaine, tous également souverains dans leurs ressorts, & indépendans les uns des autres. Car chacun d'eux ne tarderoit pas à recourir à ses anciens titres pour prouver son indépendance, & même on les verroit armer tout leur ressort, s'il le falloit, pour la soutenir. Non très-certainement ce n'est pas là le gouvernement anglois; mais c'est une aristocratie pire que toutes celles qui existent; si l'on veut que je compare ce système à quelque gouvernement connu, je n'en vois point auquel il ressemble mieux qu'à celui de Pologne, où les charges sont toutes à vie, où le roi seul les donne, & où tous les Palatins, grands officiers, starostes sont à-peu-près comme individus, ce que seroient comme corps les Parlemens que l'on imagine. (*)

(*) Il y auroit néanmoins de grandes différences entre la Pologne & la France, puisque dans la première chaque

Concluons qu'il faut honorer & protéger les corps publics comme néceſſaires,
utiles & reſpectables; mais que, comme

---

canton n'a qu'un chef, & que dans la ſeconde, chaque province auroit un corps entier de chefs; ce qui donneroit
bien plus de ſouverains. Il y a un tribunal à Warſowie
auquel ces deſpotes reſſortiſſent, & la nation a des diétes
où tous les grands peuvent être jugés & condamnés; au
lieu qu'en France les maîtres feroient ſeuls leurs juges dans
leur propre cauſe. Enfin, ſans tenir aux vieux préjugés
en faveur de la nobleſſe, leſquels s'affoibliſſent toujours
plus, à meſure que les nations & les ſiècles s'éclairent;
j'avoue qu'il me paroît contraire à la dignité d'une grande
nation, d'aller prendre les peres de la patrie dans diverſes
claſſes de citoyens, dont une ſeule a été établie pour gouverner; certainement c'eſt une faute de politique que de
la dépouiller de ſon droit, puiſque c'eſt rendre inutiles à
l'état ceux qui coûtent le plus à l'état. Un philoſophe im-
partial ne ſe laiſſe point emporter aux déclamations vul-
gaires contre certaines préférences accordées à la nobleſſe
pour des emplois ou dignités de magiſtrature, de politique
& d'épée, ſur-tout lorſqu'il n'y a point d'excluſion pour les
ſujets à qui des talens reconnus & des ſervices réels tiennent lieu de preuves. De tels réglemens ne doivent point
humilier la portion de citoyens qu'ils rendent à d'autres
profeſſions, en même temps qu'ils tirent de l'accablement
ou de l'inaction celle qui, pour conſerver l'émulation des
nobles & des non-nobles, eſt bien plus diſponible aux genres honorifiques qu'aux genres lucratifs.

ils

ils forment des corps puiſſans, il faut veiller à ce qu'ils n'empiètent pas ſur l'autorité des rois, & n'étendent pas leurs droits trop loin. Pour cela, il faut ſur tout, & à quelque prix que ce ſoit, les empêcher de former entr'eux quelque ſorte de ligue que ce puiſſe être, de prendre fait & cauſe l'un pour l'autre, & de prendre connoiſſance des affaires d'état, hors les cas où le roi les y inviteroit. Tant qu'ils ſeront vertueux, il ne faut rien faire qui puiſſe les compromettre : ſi jamais ils en venoient à s'oublier, & à ſe livrer à des projets nouveaux & dangereux, il faudroit alors diſtinguer la juſtice du juge, la place de l'homme ; punir l'homme ſans ménagement, mais toujours honorer la place & lui conſerver ſes anciens privilèges, à cette condition néanmoins que ces privilèges ſeroient reçus à titre de faveurs, & non à titre de droits eſſentiels. *

____

* D'après tout ce qu'on vient de lire, on ſera peut être tenté de dire à l'auteur du dialogue : quelles loix fonda-

X

Il y a en France une forte de corps publics, dont je n'ai point parlé jufqu'ici, parce qu'on ne peut les claffer parmi les autres; ils en different trop effentiellement à tous égards. Ces corps font les provinces mêmes du royaume, en tant qu'elles ont des droits ou des priviléges particuliers. La Bretagne, réunie à la France à l'occafion du mariage de la ducheffe Anne,

---

mentales admettez-vous donc comme effentielles à la monarchie?... A cela Mr. de Fénélon repondroit: *j'admets celles que j'ai établies;* ces loix fe rapportent aux droits de propriété, de liberté, & de fûreté; mais droits généraux & communs que l'on viole dès qu'on veut y inférer comme effentiels les privilèges ifolés de quelque particulier ou de quelque corps que ce foit. Il ne fera pas difficile d'obferver que jamais dans les notes non plus que dans le texte, on n'a eu deffein de reprocher aux corps du 18e. fiècie les erreurs & les fautes des corps des fiècles précédents: On n'a pu tout citer; on auroit fait des notes bien plus volumineufes que l'ouvrage: mais quand on en auroit fait cent fois davantage, le lecteur n'en pourroit rien conclure contre les corps publics en général: cela auroit feulement prouvé ce que l'on fait d'ailleurs, que les hommes font toujours hommes, & que les corps penfent malheureufement dans de certaines circonftances avoir un intérêt op-

jouit de diverses stipulations convenues alors, & qui concernent la police, les impositions & les loix : le testament du dernier Dauphin-Viennois donne lieu à une semblable observation : l'Alsace même, quoique province conquise, a des priviléges bien établis par le traité de paix de Westphalie : comme ensuite Strasbourg, par sa capitulation de 1 6 8 1. Plusieurs autres provinces sont dans l'un ou l'autre de

posé à un intérêt public. On auroit pu sans doute ometre la plûpart de ces détails, puisqu'aujourd'hui les lumières acquises nous ont assez prouvé que le seul moyen de se rendre recommandable, c'est de se borner à remplir les devoirs de son état. Les loix, la justice, la police, le bon ordre, les mœurs, tous y gagne. Et qui pourroit apprécier l'avantage dont jouit un peuple qui a de vrais magistrats, de bons pasteurs, en un mot, des supérieurs dignes de sa confiance, de sa reconnoissance, de son amour, & de son respect! La seule rivalité que l'on s'en promette, c'est celle qui porte, non à faire plus de bruit, mais à faire plus de bien. D'après cette façon de penser, on voit que l'auteur des notes n'a prétendu ni injurier les morts, ni insulter aux vivans : mais il a cru qu'il ne seroit pas inutile au triomphe de l'ordre, de convaincre les esprits opiniâtres, & de suivre

X 2

ces cas différens : elles ont donc en conséquence des états, ou des députés, ou des efpèces de repréfentans, élus ou perpétuels ; & voilà les corps publics dont il me refte à parler.

Ces corps nationaux font encore plus refpectables que ceux dont nous avons parlé jufqu'à préfent : ils n'exiftent point

jufque dans leurs derniers retranchements leurs raifons fauffes & fophiftiques. Combien de perfonnes font encore dans l'erreur, & y font de bonne foi ? Combien font effrayées par la foule des objections que l'intérêt oppofe à la réforme ! raffurer & détromper, faire goûter le bien à ceux qui n'y voient que du mal, c'eft fe rendre utile. Cette longue difcuffion fur les corps publics n'eft point un hors d'œuvre dans un ouvrage qui traite de la monarchie en général : dans tous les états, il y a des corps utiles & redoutables : il eft effentiel de favoir les animer & les retenir, les honorer & même les craindre : pour cela il faut les bien connoître ; ce qui fuppofe qu'on les a examinés à fond & fuivis de l'œil dans leurs variations. Au refte l'hiftoire de l'un eft à peu près l'hiftoire de l'autre ; ou du moins l'une fuffit pour faire deviner l'autre : on y trouvera toujours l'hiftoire de tous les corps publics dans quelque monarchie que ce foit.

Les inconvénients qui naiffent de l'ambition des corps dans une monarchie, ne font point une objection recevable contre la monarchie même : la forme des républiques

uniquement par un simple effet de la volonté des souverains ; leur exiſtence a pour titre & pour baſe des traités ſolemnels, & qui emportent avec eux l'idée d'obligation d'une part, & de droit de l'autre. Il faut avouer toutefois qu'il réſulte de ces traités même bien des inconvéniens graves , beaucoup d'entraves dans la conduite des affai-

---

y eſt également ſujette , & d'ailleurs elle en amene tant d'autres, que la balance ne peut jamais être égale. Les républiques ne doivent être cheres qu'aux hommes médiocres : leur amour propre s'y trouve mieux qu'ailleurs ; l'égalité les conſole, & quelquefois les rend inſolens. Il n'y a que les grands hommes qui y perdent. Il eſt quelquefois arrivé à l'auteur des notes de répéter à peu près ce qui ſe trouvoit déja dans le dialogue. Apparemment qu'il mettoit ces articles au nombre de ceux que l'on ne parvient à inculquer dans les eſprits, qu'à force d'y revenir. Il y a en effet des occaſions où il eſt néceſſaire d'être diffus, & de ramener avec une ſorte d'opiniâtreté le leſteur à des principes importans. C'eſt au public à juger ſi les répétitions que l'on peut reprocher à l'auteur des notes, ſont de cette nature : peut-être auſſi ne viennent-elles que de ce que l'auteur n'y a travaillé que par intervalles & à diverſes repriſes. Pour moi, il me ſuffit de déclarer que j'ai cru devoir reſpeſter le dépôt qui m'a été remis, & que je donne au public tel que je l'ai reçu.

(*Note de l'éditeur.*)

X 3

res, des embarras & une bigarrure qu'un bon esprit est toujours disposé à désapprouver. Mais il n'en est pas moins vrai que dans tous les principes de la sagesse, de la justice & de la prudence, il importe de les laisser subsister, jouir de leurs droits & agir selon leurs formalités particulières, tant qu'ils n'en abusent pas.

Cependant nous ne pouvons pas nous dissimuler qu'il est possible aussi que ces corps, dans des époques malheureuses, soient livrés à un esprit de vertige ou de cabale. Si on ne peut prévenir un semblable malheur, il en résultera un état de guerre; & nous n'avons à dire sur ce fléau public qu'un seul mot; c'est qu'en pareil cas, les plus courtes crises sont les meilleures. Si ces corps nationaux, sans se livrer à de grands excès, ne laissent pas de former des prétentions qui, insensiblement, outrepassent leurs droits, il faut les réprimer & les contenir avec fermeté dans leurs justes bornes. Si leurs prétentions sont conformes à leurs droits, mais contraires au bien général de la nature, il faut uſer adroitement & alternativement de la raiſon pour les convaincre que la juſtice demande qu'ils renoncent à leurs prétentions, & de l'autorité pour les amener à y renoncer en effet. Chaque province, maîtreſſe chez elle, ne tarderoit pas à vouloir être conſidérée comme le centre du corps entier, & en conſéquence à ſe refuſer à tout ſacrifice envers les autres, en exigeant des autres tous les ſacrifices imaginables. Ce n'eſt point ſous de ſemblables conditions que l'on peut former un corps de nation; & le ſouverain doit arrêter ces prétentions injuſtes.

Je ſuppoſe pour un moment, que les provinces qui compoſent le royaume fuſſent toutes aſſemblées, & qu'au milieu des délibérations qui les occuperoient, les provinces qui ont des priviléges particuliers à réclamer, cherchant à s'en prévaloir au détriment des autres, ces dernières leur oppoſaſſent à-peu-près le raiſonnement qui ſuit:

« Vous avez des priviléges que nous
» n'avons pas ! cependant nous fommes
» pour la plupart vos aînés ! Il en eft par-
» mi vous qui font venus, pour ainfi dire,
» d'eux-mêmes fe jetter dans notre fein
» & dans les bras de nos rois. Mais il
» en eft auffi que nous avons vaincus : nos
» rois ont accédé aux demandes des uns
» & aux defirs des autres. Nous en conve-
» nons, bien affurés que vous convien-
» drez auffi qu'ils n'ont ni dû ni voulu le
» faire à nos dépens. Nous vous avons
» reçus comme on reçoit des frères dans
» une famille ; nous n'avons pu vous re-
» cevoir comme on reçoit des maîtres. Si
» nos rois vous avoient accordé des pri-
» viléges qui nous fuffent nuifibles, leur
» juftice envers nous ne leur permettroit
» pas de vous y maintenir ; & vous feriez
» fans doute les premiers à convenir que
» l'interprétation qui feroit lézionnaire
» pour nous , doit être réputée fauffe.
» Douterez-vous des avantages que vous a

» valus la réunion commune ? vous étiez
» certainement les plus foibles aux épo-
» ques de vos accessions successives : donc
» vous êtes successivement ceux qui ont le
» plus gagné à la réunion. Combien n'au-
» riez-vous pas eu à soutenir de guerres,
» soit contre nous , soit contre d'autres
» nations, & que nous vous avons épar-
» gnées ! auriez-vous résisté aux événe-
» mens que votre indépendance même
» auroit préparé contre vous? Combien
» de fois auriez-vous eu à supporter toutes
» les horreurs de la dévastation, tous les
» feux, la ruine & les crimes que la guerre
» entraîne après elle ! Nous vous avons
» sauvés par nos forces, par notre crédit,
» de tous les maux que nous vous aurions
» faits, & de tous ceux que d'autres au-
» roient pu vous faire! Si vous aviez été
» soumis à quelqu'autre puissance plus éloi-
» gnée, & moins à portée de vous secou-
» rir, vous auriez toujours été le premier
» théatre des grandes querelles de l'Eu-
» rope, & votre sang auroit toujours été

» le premier fang répandu ! Et depuis tant
» de fiécles que vous nous êtes unis, vous
» avez joui des prérogatives que vous vou-
» lez exagérer aujourd'hui ! vous en avez
» joui, & depuis tant de fiécles, toutes
» les fois que l'ennemi s'eft préfenté à vos
» portes, qui eft-ce qui l'a repouffé ?
» Nous vous avons fait des remparts de
» nos corps ! nos foldats font accourus de
» toutes parts ! ils ont verfé leur fang pour
» vous conferver vos moiffons & vos droits !
» Pefons toutes chofes dans la balance de
» l'équité & de la raifon : aurions-nous
» dû vous faire tant de facrifices, fi vous
» n'aviez dû y répondre qu'en formant
» des prétentions qui nous foient domma-
» geables ? La juftice doit tout réparer,
» tout rétablir, ou tout conferver ; & l'é-
» quité eft la première de toutes les jufti-
» ces, celle contre laquelle il n'y a point
» de conventions valables, point de pref-
» cription, point de titres. Et cette équi-
» té, que prononce-t-elle entre nous &
» vous ? Elle prononce, vous le favez ainfi

» que nous , que nous fommes réunis pour
» ne former qu'un corps fous un feul &
» même chef ; que nous devons fupporter
» également les charges publiques, nous
» foumettre également à l'ordre conve-
» nable, & nous facrifier également à la
» défenfe commune , puifque nous jouif-
» fons tous également des avantages de
» la réunion. Vous avez des priviléges ;
» nous ne vous les difputons point, tant
» qu'ils ne font point lézionnaires pour
» nous ! Confervez-les, puifque vous y
» êtes attachés ! mais foyez les premiers à
» en offrir, à en faire le facrifice, s'il arrive
» qu'ils bleffent les droits des autres, qu'ils
» embarraffent trop la marche du corps
» entier ; en un mot, qu'ils foient nuifi-
» bles, & par conféquent injuftes ! »

Je vous demande , MONSEIGNEUR , ce
que ces provinces, fi jaloufes de leurs priviléges, auroient à répondre ! je le leur
demande à elles-mêmes !

Vous voyez , MONSEIGNEUR, combien
la théorie politique, en ce qui concerne

les corps publics, eſt difficile à établir, dès que l'on veut aller au-delà des premières généralités. Ces corps ſont les parties conſtitutives d'un tout : le tout ne peut exiſter ſans en avoir plus ou moins ; ce qui ne prouve point que chacune d'elles ſoit plus eſſentielle que le tout ; ce qui ne prouve point, en un mot, que dans le cas d'une gangrêne incurable, il ne faille pas couper les parties gangrenées, plutôt que de laiſſer périr le corps même. Mais le médecin inſtruit & attentif parvient preſque toujours à prévenir ces opérations déſeſpérées : l'évidence ſeule peut l'amener à penſer que le mal eſt incurable.

Le duc. Il eſt temps de nous ſéparer : il faut que je vous quitte ; n'oubliez pas la prière que je vous ai faite ; & ſoyez aſſuré que je n'oublierai jamais ni le zèle que vous avez eu pour mon inſtruction, ni ce que la reconnoiſſance m'impoſe à ce ſujet.

F I N